Martin Luther

rowohlts monographien
begründet von
Kurt Kusenberg
herausgegeben von
Uwe Naumann

Martin Luther

Dargestellt von Christian Feldmann

Rowohlt Taschenbuch Verlag

Umschlagvorderseite: Martin Luther. Gemälde von
Lucas Cranach d. Ä., 1526
Umschlagrückseite: Auf der Wartburg bei Eisenach in
Thüringen hat der geächtete Luther zehn Monate in «Schutzhaft»
verbracht – und die Bibel übersetzt.
Titelblatt der letzten von Martin Luther durchgesehenen Auflage
des Neuen Testaments mit einem kolorierten Holzschnitt
von Lucas Cranach d. Ä., Wittenberg 1546

Seite 3: Wacker kämpfte Luther gegen eine abergläubische Heiligen-
verehrung – und konnte den Kult um seine Person nach seinem Tod
doch nicht verhindern: Dieses Modell für Papiermachéreliefs mit
Luthers Bildnis, 1552 in einer Lüneburger Bildschnitzerwerkstatt
entstanden, war für die Massenproduktion gedacht.

Originalausgabe
Veröffentlicht im Rowohlt Taschenbuch Verlag,
Reinbek bei Hamburg, Sepember 2009
Copyright © 2009 by Rowohlt Verlag GmbH,
Reinbek bei Hamburg
Umschlaggestaltung any.way, Cathrin Günther,
nach einem Entwurf von Ivar Bläsi
Redaktion Heiner Höfener
Redaktionsassistenz Katrin Finkemeier
Reihentypographie Daniel Sauthoff
Layout Ingrid König
Satz Proforma *und* Foundry Sans *PostScript,*
InDesign CS3 5.0.3.
Gesamtherstellung CPI – Clausen & Bosse, Leck
Printed in Germany
ISBN 978 3 499 50706 9

INHALT

Maßloses Genie	7
«Ich bin oft vor dem Namen Jesu erschrocken»: Ein Aufsteiger wird Mönch (1483 – 1517)	10
«Das hieß den Himmel herabstürzen und die Welt in Brand stecken»: der Streit um den Ablass (1517 / 18)	32
«Des Papstes Gewalt ist nicht über der Schrift»: der Konflikt mit Rom (1518 – 1521)	45
«Der Mensch wird gerecht durch den Glauben»: eine aufregend neue Theologie (1521 – 1525)	69
«Sonst würde eines das andere fressen»: Reformation statt Revolution (1523 – 1525)	90
«Ich will keines Meister sein»: ein zorniger Kirchenvater (1525 – 1530)	108
«Also sind und bleiben wir ewig geschieden»: Die Bewegung wird zur Kirche (1530 – 1546)	122
Anmerkungen	142
Zeittafel	147
Zeugnisse	149
Bibliographie	152
Namenregister	158
Über den Autor	160
Quellennachweis der Abbildungen	160

Auf dem Flügelaltar in der Weimarer Stadtkirche, den Lucas Cranach d. Ä. als sein letztes Werk begann und sein Sohn Lucas d. J. 1555 vollendete, steht Luther unter dem Kreuz. Wie auf anderen Cranach-Altarbildern und -Porträts auch ist Luther mit einem kardinalsroten Kollar dargestellt – möglicherweise ein ironischer Seitenhieb auf die Überlegungen der römischen Kurie, dem Ketzer einen Kardinalshut anzubieten, um ihn ruhigzustellen.

Maßloses Genie

Ist er ein mittelalterlicher Mönch gewesen oder ein Pionier der Moderne? Ein zutiefst Religiöser oder ein Renaissancemensch? War er ein Kirchenspalter oder Glaubensvater? Reaktionär oder Rebell? Humanist oder Antisemit? Aufklärer oder Teufelsgläubiger? Nationalist oder Europäer? Wer war Martin Luther?

Stärker als die 122 voluminösen Bände der 2009 abgeschlossenen «Weimarer» Gesamtausgabe seiner Werke, eindrucksvoller als die mehr als drei Millionen Belegkarten zu Personen, Orten, Stichwörtern im Tübinger «Luther-Archiv» dokumentieren die Mitgliederzahlen der protestantischen Kirchen – eine Drittelmilliarde, wenn man Lutheraner, Reformierte und Freikirchen zusammenrechnet –, welche Bedeutung dieses 1546 begrabene geniale, maßlose, chaotische, penible, intellektuell hochfliegende, schrecklich vereinfachende, in Gott und die Menschen verliebte, von wildem Hass getriebene, melancholische, cholerische, verletzend aggressive, an sich zweifelnde Energiebündel, das sich selbst abwechselnd als *Doktor über alle Doktoren im ganzen Papsttum*[1] und als *armer stinkender Madensack*[2] bezeichnet hat, bis heute besitzt.

Dass altvertraute Klischeevorstellungen das nüchterne Interesse an Fakten hartnäckig überwuchern, beweist nur, wie quicklebendig der Mythos Luther immer noch ist.

Höchstwahrscheinlich hat nicht der Professor Luther die berühmten 95 Thesen an die Tür der Wittenberger Schlosskirche geschlagen, sondern der Pedell der Universität, wie es üblich und von den Statuten sogar vorgeschrieben war[3] – wenn es den Thesenanschlag überhaupt gegeben hat.

Der trotzige Satz: «Hier stehe ich, ich kann nicht anders» ist zwar in die Geschichte eingegangen und gehört zum Repertoire gängiger Redewendungen – aber Luther hat ihn nie gesagt vor dem in Worms versammelten Reichstag.

Seine Bibelübersetzung war zweifellos die schönste, genaueste und einflussreichste – aber keineswegs die erste. Schon vor Luther gab es vierzehn oberdeutsche und vier niederdeutsche Voll-

Eine «Reliquie» mit Spaßfaktor: Im Thüringischen Staatsarchiv Altenburg wird dieser Floh aufbewahrt, angeblich «gefunden in Luthers Collegienheft über die kleinen Propheten» 1524/25, in Wirklichkeit wohl aus dem 19. Jahrhundert.

bibeln[4], ganz zu schweigen von den vielen Auswahlausgaben und den rund hundert Sammlungen der Sonntagsevangelien, die in den fünf Jahrzehnten vor der «Lutherbibel» erschienen sind.

Luthers kritische Anmerkungen zur Ablasspraxis entsprachen weitgehend traditioneller Theologie und offizieller römischer Lehre. Die Extremisten in den eigenen Reihen, die aus der religiösen Freiheitsbotschaft unbefangen politische und gesellschaftliche Revolutionsprogramme ableiteten, stoppte er mit eiserner Konsequenz, auch wenn dabei Blut floss. Er wies alle Versuche ab, ihn zum politischen Führer zu machen. Er wollte keine neue Kirche gründen, sondern dabei helfen, die Christenheit zu ihren schlichten Anfängen zurückzuführen. Ein Reformator wider Willen.

Und doch hat er die Welt verändert. Die von ihm ausgelöste Bewegung beendete das Mittelalter – als Epoche der Einheit von irdischer und himmlischer Welt und der kirchlichen Kontrolle über die Gesellschaft –, verstand das Christsein als individuelle Haltung, nicht mehr als automatischen Bestandteil einer politischen oder gesellschaftlichen Identität, und machte den Menschen mündig, weil zwischen ihm und Gott nun nur noch die Bibel stand, keine kirchlichen oder staatlichen Autoritäten. In der idealen Theorie, versteht sich.

Merkwürdig, dass man sich heute noch so für ihn interessiert. Wer soll in einer Zeit, die an Gottes Existenz überhaupt zweifelt, Luthers verzweifelte Suche nach einem gnädigen Vater im Himmel verstehen?

Aber hinter der postmodernen Fassade lauern all die uralten Ängste und Fragen, die Suche nach dem Sinn, die Sehnsucht nach etwas, das bleibt, die Furcht, am Ende mit leeren Händen dazustehen. Was, wenn dieses absurde Universum, in dem Kinder verhungern und Menschen wegen ihrer Religion oder Hautfarbe massakriert werden, doch einen Schöpfer haben könnte, der um seine Kreaturen weint und sie glücklich sehen will? Was, wenn dieser Gott tatsächlich in Jesus ein menschliches Gesicht angenommen haben sollte?

Was, wenn Martin Luther recht hat mit seiner Auffassung, dass Glauben kein Für-wahr-Halten kirchenamtlich verordneter Lehrsätze bedeutet, sondern ein vertrauensvolles Sich-Einlassen auf diesen Gott, *daß wir ihn annehmen sollen, ihn küssen und herzen, uns an ihn hängen, uns von ihm nicht reißen noch ihn uns nehmen lassen*[5]?

«Ich bin oft vor dem Namen Jesu erschrocken»: Ein Aufsteiger wird Mönch (1483–1517)

Was über Martin Luther erzählt wird, stimmt nicht immer. Was er selbst von sich berichtet, noch viel weniger.

Er hieß bis zum 24. Lebensjahr gar nicht Luther, sondern Luder. Sein Geburtsjahr ist unsicher: Während er selbst das Jahr 1484 wegen der günstigen Planetenkonstellation favorisierte, hielten seine Mutter und später auch sein Weggefährte Philipp Melanchthon an 1483 fest. Er war keineswegs der *Sohn eines Bauern*[6] oder armen Bergmanns[7], sein Vater war ein aufstrebender Unternehmer, der Anteile an Hüttenwerken und Bergbaugesellschaften sowie eine repräsentative Hofanlage mit Stallungen und Lagerhäusern besaß. Und im Elternhaus herrschten nicht Prügel, Geiz und freudlose Strenge, sondern Sparsamkeit und nüchterne Zuneigung.

Die eigene Biographie nach bestimmten Mustern zu stilisieren erschien im 16. Jahrhundert noch weniger unmoralisch als heute. Beim Tischgespräch verklärte oder dramatisierte der alternde Luther manche Erinnerung. Und übertrieb gern etwas, im Bestreben, seinen Lebensweg als erstaunliche Fügung Gottes zu schildern.

Martins Großvater Heine Luder, vielleicht abgeleitet von Lothar, gehörte im Dorf Möhra bei Eisenach zu den wohlhabenden Bauern, und seine Frau stammte aus der reichsten Sippe im Ort. Weil nur der jüngste Sohn erbberechtigt war, musste Martins Vater Hans Luder, einer der älteren Söhne, einen anderen Beruf wählen. Er stieg in den Kupferschieferbergbau ein, damals die Zukunftstechnologie schlechthin, eine echte Goldgrube. An Elbe und Saale, im Erzgebirge, im Harz, in Tirol investierten große Handelshäuser wie die Fugger in Bergwerke, Schmelzhütten und metallverarbeitende Betriebe.

Hans Luder heiratete Margarete Lindemann aus einer noblen

In Eisleben wurde Martin Luther am 10. November 1483 (1484?) geboren; aufgewachsen ist er hier in Mansfeld. Vor allem das repräsentative Portal dokumentiert den Wohlstand der Familie.

Eisenacher Familie, arbeitete sich vom Berghäuer zum Hüttenmeister hoch, zog in die Bergbaustadt Mansfeld und verkaufte auf der Leipziger Messe Rohkupfer an die Besitzer der sogenannten Seigerhütten, die aus dem Kupfer Silber herausfilterten. Während zeitgenössische Chronisten die Umweltzerstörung durch die expandierenden Bergwerksbetriebe anprangerten, sollte Martin Luther später den Abbau von Gold und Silber als sinnvolle Nutzung der Gaben Gottes preisen.[8]

Das Bergwerksgeschäft war riskant; Vater Luder musste sich hoch verschulden und eine Zeitlang jeden Pfennig umdrehen. Ausgrabungen und Bauforschungen im Bereich seines Mansfelder Hauses belegten 2003 jedoch den sozialen Status des Kleinunternehmers: Martin Luder wuchs in einer wohlhabenden Familie auf. Auf den Mittagstisch kamen junge Hühner, zartes Schweinefleisch, Karpfen, Hecht und Aal, dazu Singvögel wie Rotkehlchen, Goldammer und Dorngrasmücke. Man trank aus filigranen Pokalen und benutzte zierliche Messer. Und als einer der «Viermänner» vertrat Hans Luder die Bürgerschaft gegenüber dem Mansfelder Magistrat.

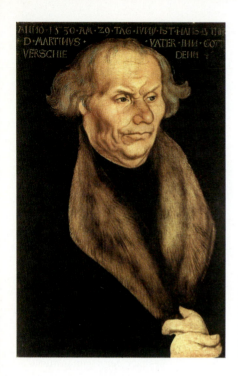

Die Eltern Hans und Margarete Luder (wie die Familie eigentlich hieß), um 1527 gemalt von Lucas Cranach d. Ä.

Folgt man den Legenden, so waren in Martins Elternhaus Schläge, Moralpredigten und düstere religiöse Riten an der Tagesordnung. Das alles nur, weil Martin zeitlebens ein gespanntes Verhältnis zu seinem Vater hatte – ziemlich normal zwischen einem hart arbeitenden Aufsteiger und einem ungebärdigen Sohn, der sich als frommer Revoluzzer aufführt, statt einen lukrativen Beruf zu ergreifen – und weil sich unter mehr als siebentausend «Tischgesprächen» zwei oder drei triste Erinnerungen finden, von studentischen Zuhörern notiert und von Luther niemals gegengelesen: *Meine Mutter stäupte mich einmal um einer geringen Nuss willen, bis Blut kam.*[9] – *Mein Vater stäupte mich einmal so sehr, dass ich vor ihm floh und dass ihm bang war, bis er mich wieder an sich gewöhnt hatte.*[10] Ein Vater, dem «bang» ist, weil er seinen Sohn durch Härte verschreckt hat, ein Vater, der *bei meiner Mutter geschlafen und mit ihr gescherzt* hat *und sind fromme Leute gewesen*[11], ein Vater, dem er

bei dessen Tod einen *überaus lieben Umgang*[12] bescheinigt – so ein Vater kann kein gefühlloser Haustyrann gewesen sein.

Ließ sich der Austritt aus dem Kloster leichter erklären, wenn Martin sich hinter einem rigorosen Erziehungszwang verschanzte, der ihn hineingetrieben habe? Sogar jene psychiatrischen Beobachter, die Luther abwechselnd eine manisch-depressive Psychose, eine klassische Depression, die «quasi-hysterische Folge eines infantilen Sexualkomplexes»[13], Halluzinationen oder Analfixierung bescheinigen, mahnen hier zur Vorsicht, «denn Luther gehört zu den Autobiographen mit einem Hang zum Schauspielern, die selbst von ihrem neurotischen Leiden begeistert Gebrauch machen und aus sorgfältig ausgewählten Erinnerungen und den Hinweisen eines verlangenden Publikums ihre eigene offizielle Persönlichkeit erschaffen»[14].

Aus dem Jungen sollte etwas werden, Bergbauunternehmer

Der kleine Martin wurde nicht nur diszipliniert, sondern durfte auch spielen. Fragment einer Vogelpfeife, die man mit Wasser füllte und trillern ließ. Um 1500, ausgegraben im Mansfelder Elternhaus

wie sein Vater oder Beamter im fürstlichen Dienst. Hans Luder schickte seinen Martin zunächst auf die Mansfelder Stadtschule, dann auf die Domschule in der vornehmen Handelsstadt Magdeburg und schließlich nach Eisenach, wo er bei einer freundlichen Patrizierfamilie italienischer Abstammung wohnte und ein hervorragendes Latein lernte. Im Rechnen war er dagegen bis an sein Lebensende miserabel.

1501 begann der Siebzehnjährige in Erfurt zu studieren, noch kein spezielles Fach wie heute üblich, sondern Logik, Grammatik, Rhetorik und die anderen «freien Künste», eine Art philosophische Grundausbildung. Die Universität hatte einen ausgezeichneten Ruf, mit ihren Methoden und Lehrinhalten galt sie als ziemlich «modern». Erfurt zog viele Vertreter des Humanismus an, die sich damals noch auf die Wiederentdeckung der antiken Literatur beschränkten und nur ganz leise von einem freieren Geist in den Wissenschaften träumten.

Wie überall waren auch die Erfurter Studenten einem strengen Reglement unterworfen. Sie wohnten in sogenannten Bursen, die einem Kloster glichen: exakt geregelter Tageslauf von vier Uhr morgens bis zur Bettruhe um acht Uhr, gemeinsame Schlafsäle,

14

Unterhaltung in Latein, täglicher Gottesdienst, kein Ausgang, kein Damenbesuch. Obwohl er bei den ersten Prüfungen nur zum Durchschnitt gehörte, muss sich Martin bei seinen Kommilitonen Respekt verschafft haben; sie gaben ihm den Spitznamen «der Philosoph».

1505 bestand er dann allerdings das Magisterexamen als Zweitbester von siebzehn Prüflingen, erhielt ein schönes rötlich braunes Barett und wurde von seinem stolzen Vater – der nie auch nur eine Schule besucht hatte – fortan nicht mehr geduzt. Für das Weiterstudium standen die Fakultäten Theologie, Medizin und Jura zur Wahl, und wer Vater Luders Ehrgeiz kannte, wusste, wie die Entscheidung ausfallen würde.

Doch Martins Jurastudium währte nur wenige Wochen. Das Fach muss ihm zutiefst zuwider gewesen sein, wie seine zahlreichen aggressiven und höhnischen Äußerungen aus späteren Jahren bezeugen: *Ein Jurist, ein böser Christ.*[15] – *Das Studium des Rechts ist schmutzig und gewinnsüchtig, denn sein letzter Zweck ist Geld […].*[16] Einem seiner Söhne drohte er mit gespieltem Grimm: *Wenn du ein Jurist werden solltest, so wollte ich dich an einen Galgen hängen.*[17] Offenbar konnte er den Juristen nicht verzeihen, dass es ihnen weniger um die Wahrheit ging als um den Erfolg ihres Auftraggebers.

Am 2. Juli 1505 wurde Martin beim Dorf Stotternheim nahe Erfurt von einem Gewitter überrascht. Ein Blitz schlug ganz in seiner Nähe ein, so die von ihm selbst verbreitete Legende, und versetzte ihn derart in Panik, dass er angsterfüllt ausrief: *Hilf du, Sankt Anna, ich will ein Mönch werden!*[18] Später erzählte er die Geschichte so, als hätte ihn der Himmel selbst überrumpelt und zu einem überstürzten Gelübde genötigt: *Ich bin nicht gern ein Mönch geworden.*[19] Seinem wütenden Vater versicherte er, *nicht etwa freiwillig oder auf eigenen Wunsch* sei er Mönch geworden, *sondern von Schrecken und der Furcht vor einem plötzlichen Tode umwallt legte ich ein gezwungenes und erdrungenes Gelübde ab.*[20]

Die Geschichte klingt gut, hat aber ihre Tücken: Bekehrungen, grundstürzende Änderungen in einem Lebensentwurf sind niemals das Werk eines Augenblicks, sondern Ergebnis langer und schmerzhafter Lernprozesse. Ein in Todesangst überstürzt herausgestammeltes Gelübde war auch nach mittelalterlichem

Kirchenrecht nicht bindend. Die heilige Anna – Mutter Mariens und Großmutter Jesu – wurde im ausgehenden Mittelalter hoch verehrt und galt als Patronin der Bergleute, aber in der Mansfelder Gegend lässt sich zumindest während Luthers Kindheit noch kein ausgesprochener Annenkult nachweisen, und er selbst erwähnt sie dreißig Jahre lang kein einziges Mal, wenn er über seinen Klostereintritt spricht.

Warum hat er das «gezwungene und erdrungene» Gelübde denn nicht widerrufen? Der Gedanke liegt nahe, dass ihn der Gedanke, Mönch zu werden, schon lange umtrieb, dass er aber Angst hatte, den Vater durch einen Studienabbruch in Rage zu versetzen. Doch wenn Gott selbst per Blitz und Donner ein Machtwort gesprochen hatte? Vater Luder scheint das Manöver durchschaut zu haben; er fragte nüchtern, ob der Blitzschlag vielleicht nur *eine Täuschung und ein Blendwerk* gewesen sei, und erinnerte den Sohn sarkastisch an Gottes Gebot, *daß man seinen Eltern gehorchen soll.*[21]

Dieser wiederum wirft seinem Vater sechzehn Jahre später in einem Widmungsbrief zu seiner Schrift *De votis monasticis* (Über die Mönchsgelübde) vor: *Deine Absicht war es sogar, mich durch eine ehrenvolle und reiche Heirat zu fesseln.*[22] Mitten im Semester war der unglückliche Jurastudent damals bei seinen Eltern in Mansfeld aufgetaucht. Ging es um eine vom Vater ausgesuchte Braut oder um eine von Martin initiierte Liebesgeschichte, oder wollte er den Eltern irgendwelche Klosterträume anvertrauen?

Über die tatsächlichen Gründe seines Klostereintritts kann nur spekuliert werden. Befand sich der frischgebackene Magister in einer Identitätskrise? Suchten ihn Depressionen heim, wie sie sich auch später immer wieder einstellten? Zwei seiner Brüder waren angeblich der Pest zum Opfer gefallen, ein guter Freund starb bei einem Raufhandel. Packte ihn bei dem verheerenden Gewitter vielleicht doch die lähmende Angst vor einem plötzlichen Tod, unvorbereitet und unversöhnt mit Gott? Luther gilt als Herold einer neuen, freieren Zeit und war doch viel stärker dem mittelalterlichen Empfinden verhaftet, als man gemeinhin denkt.

In Todesgefahr hatte sich Martin Luder offenbar schon früher einmal befunden, als er stolperte und ihm der Degen – in jenen unsicheren Zeiten liefen auch die Studenten bewaffnet herum – so unglücklich zwischen die Beine geriet, dass er mit aufgerissener Schlagader fast verblutet wäre. Eine abenteuerliche Erklärung will wissen, hinter dieser Jahrzehnte später bei Tisch zum Besten gegebenen Geschichte verberge sich ein mörderisches Duell, und Luder sei Hals über Kopf ins Kloster geflüchtet, um einer Anklage wegen Totschlags zu entgehen, denn als Mönch unterstand er nicht der allgemeinen Erfurter Gerichtsbarkeit. Aus den vorhandenen Quellen lässt sich diese These allerdings nicht schlüssig belegen.[23]

Vater Hans soll getobt haben, als sein Sohn am 17. Juli 1505 bei den Erfurter Augustiner-Eremiten eintrat – und damit in seinen Augen auf eine glänzende Zukunft verzichtete. Vielleicht kannte er ihn aber auch gut genug, um zu wissen, dass er mit der Klosterdisziplin und dem kirchlichen Führungspersonal über kurz oder lang Probleme bekommen würde.

Warum wurde der Magister Luder nicht Benediktiner, Dominikaner, Franziskaner? Warum wählte er die Augustiner-Eremiten, einen Mitte des 13. Jahrhunderts in Italien aus verschiedenen Einsiedlerkongregationen zusammengewachsenen Zweig des Augustinerordens? Einsiedler und Bettler waren sie schon lange nicht mehr, sie wohnten in wohlhabenden Klöstern, besaßen – wie in Erfurt – große Ländereien und Weinberge, aber im Gegensatz zur internen Konkurrenz, den Augustiner-Chorherren, hielten sie strenge Disziplin und lebten persönlich ziemlich anspruchslos. Hoch gebildet und aufgeschlossen für die geistigen Strömungen der Zeit, waren sie an Universitäten und Schulen und in der städtischen Seelsorge tätig.

Der Erfurter Konvent war nicht nur die größte Niederlassung des Ordens in Sachsen, sondern auch Studienort für den Ordensnachwuchs. Um ein Uhr nachts wurden die Mönche das erste Mal zum Chorgebet mit Psalmen und Lesungen geweckt; von da an wechselten Gotteslob, Arbeit und Erholung im festen Rhythmus.

Die geistige Welt, in die Martin Luder nun eintauchte, war geprägt vom sogenannten «Augustinismus»: Gott ist absolut frei, und der Mensch bekommt seine Gnade ohne eigene Verdienste geschenkt. Glaube und Vernunft gehören zusammen, aber die theologische Erkenntnis steht weit über der philosophischen. Ein Sakrament ist unabhängig von der charakterlichen Qualität des Spenders wirksam. Die Seele erfährt Gott in mystischer Ein-

Augustinus (354–430) machte in der römischen Provinz Nordafrika und in Mailand Karriere als Rhetor und Anwalt, bis er das Christentum entdeckte und mit Freunden eine klösterliche Wohngemeinschaft gründete. Vom Volk zum Bischof gemacht, wurde er mit seinen Abhandlungen, Predigten und Briefen zum einflussreichsten Theologen der frühen Kirche. Sein Denken schwankt zwischen mystischer Leidenschaft und Ordnungsfanatismus, seine Ordensregel sieht die brüderlich lebende Gemeinschaft als Ort der Gottesbegegnung.

samkeit. Während seiner Konflikte mit dem Lehramt und dem theologischen Mainstream berief sich Luther anfangs hartnäckig auf Augustinus, der als Kirchenvater von Rom verehrt und zitiert, in den individuellen Nuancen seiner Theologie aber keineswegs immer anerkannt wurde.

Und schon wieder wuchern die Legenden: Von Anfang an, so kolportierten die katholischen Luther-Kritiker, als zwischen den Konfessionen noch Kalter Krieg herrschte, habe sich Bruder Martin gegen die klösterlichen Lebensgewohnheiten aufgelehnt und zum Beispiel wochenlang das gemeinsame Chorgebet sabotiert (was für einen unter Aufsicht stehenden Novizen gar nicht möglich war und ist). Protestantische Luther-Hagiographen wiederum erzählten Schauergeschichten von einem seelenlosen Reglement mit dem Ziel, die Persönlichkeit der Neueingetretenen zu brechen. Martin habe sich in diesem fromm verbrämten Kasernenklima zwangsläufig zu einem finsteren Skrupulanten und Neurotiker entwickeln müssen, was schließlich bei seiner ersten Messe nach der Priesterweihe am 2. Juni 1507 zu einem Zusammenbruch geführt habe.

Tatsächlich wird der in die Jahre gekommene Reformator im Kreis seiner Schüler und Bewunderer berichten: *Ich geriet so in Furcht, dass ich davongelaufen wäre, hätte mich nicht der Prior ermahnt; denn als ich die Worte las: Te igitur, clementissime Pater etc. [Dich also, gütigster Vater], dachte ich, ich müsse mit Gott ohne Mittler reden, und wollte fliehen wie Judas im Angesicht der Welt.*[24] Doch solche Geschichten waren im ausgehenden Mittelalter Legion – ganz abgesehen davon, dass die Erkenntnis dessen, was er da tut, einem Priester, der seine Sache ernst nimmt, durchaus den Atem rauben kann, ohne dass man um seine geistige Gesundheit fürchten müsste.

Es gibt noch mehr solcher Überlieferungen: Als während des

Die Bibliothek des Erfurter Augustinerklosters, wo Luder 1505 eintrat, wurde im Zweiten Weltkrieg zerstört und Anfang des 21. Jahrhunderts auf den historischen Fundamenten wieder aufgebaut. Foto von 2005

Gottesdienstes das Evangelium von der Heilung eines Besessenen (moderne Schriftausleger würden von einer Geistes- oder Gemütskrankheit sprechen) durch Christus vorgetragen worden sei, habe sich Bruder Martin in einem Anfall von Raserei auf den Boden geworfen und laut geschrien: «Ich bin's nicht, ich bin's nicht!»[25] Er soll oft und endlos lange gebeichtet und die kleinsten Lappalien aufgelistet haben. *Ich will der Hölle entlaufen mit meiner Möncherei*[26], gesteht er und schildert die grässliche Furcht des Menschen vor einem Gott, der nur aus Zorn und Rachebedürfnis zu bestehen scheint: *Da gibt's keine Flucht, keinen Trost, weder innerlich noch äußerlich, sondern alles klagt an.*[27]

Immer wieder Angst, Angst, Angst. Angst vor der ewigen Verdammnis, vor Gottes Ansprüchen und dem eigenen Versagen. *Ich bin oft vor dem Namen Jesu erschrocken, und wenn ich ihn am Kreuz anblickte, so kam er mir vor wie ein Blitz, und wenn sein Name genannt wurde, so hätte ich lieber den Teufel nennen hören, denn ich dachte, ich müsse so lange gute Werke tun, bis Christus mir dadurch zum Freund und gnädig gemacht wurde.*[28]

Während der junge Martin Luder in Erfurt und dann in Wittenberg studiert, gleichzeitig über die «Nikomachische Ethik» des Aristoteles doziert, sich – kräftig von den Ordensoberen gefördert – auf die Promotion vorbereitet, wird seine Sehnsucht nach einer Theologie immer stärker, *welche den Kern der Nuß, das Innere des Weizenkorns und das Mark der Knochen erforscht*[29]. Substanz statt Haarspaltereien, eine Wahrheit auf Leben und Tod statt trockener Begrifflichkeiten.

Christus als Weltenrichter, Steinrelief des 14. Jahrhunderts, früher an der Außenwand der Wittenberger Stadtpfarrkirche St. Marien, heute in der Sakristei. Aus seinem Mund wachsen die Lilie für die Geretteten und das Schwert für die Verdammten. Luder erschrak vor diesem furchtbaren Christus «wie vor dem Teufel» und legte die Hand über die Augen, wenn er an dem Bild vorbeimusste.

Denn Angst und zwanghafte Selbstüberforderung sind nur die eine Seite der Medaille. Hinter Bruder Martins gnadenloser Selbstreflexion, seinem Hadern mit den eigenen Schwächen, seiner obsessiven Beichtpraxis steht immer schon eine glühende Sehnsucht: Liebe statt Zwang. Innere Leidenschaft statt äußerer Normen. Vertrauensvoller Glaube statt furchtsamer Pflichterfüllung.

Seine Klosterjahre hat er wohl ambivalent betrachtet: als Verirrung, Gefahr, Verstärkung der eigenen Zwanghaftigkeit – aber auch als Annäherung an einen barmherzigen Gott, der ihm seine Ängste und Zweifel Stück für Stück nehmen sollte. Dieser liebevolle Gott hatte ein Gesicht: Johannes von Staupitz, und einen Boten: Johannes Tauler.

Staupitz als Ordensoberer war ein Glücksfall für den jungen Mönch in seinem verbissenen Ringen um Gottes Huld. Wie der erhaltene Briefwechsel zeigt, respektierte er Bruder Martins radikalen religiösen Ernst und schaffte es doch mit viel Fingerspitzengefühl, ihn auf den Boden der Tatsachen herunterzuholen. Als er sich wieder einmal aller möglichen Sünden anklagte, polterte Staupitz

Johannes von Staupitz (1468 – 1524) war als Generalvikar für 30 deutsche Augustinerklöster zuständig, baute die Universität Wittenberg mit auf und hatte dort die später von Luther übernommene Bibelprofessur inne. Als Luthers unmittelbarer Ordensoberer, Beichtvater und Ratgeber besaß er entscheidenden Anteil an seiner geistigen Entwicklung. Wie Luther verließ er seinen Orden, trat aber bei den Benediktinern ein und machte als Abt von St. Peter in Salzburg seinen Frieden mit der «alten» Kirche. Kurz vor seinem Tod schrieb er Luther, er sei ihm mit einer Liebe zugetan, die Frauenliebe übersteige.

scherzhaft, Christus helfe nur bei *rechtschaffner Sünde, als die Eltern ermorden, öffentlich lästern, Gott verachten, die Ehe brechen etc.*[30], und er solle ihn mit solchen *Puppensünden* in Ruhe lassen.

Während der Fronleichnamsprozession beobachtete Staupitz, wie sein Schützling beim Anblick der Monstranz mit der Hostie, in der nach kirchlicher Lehre Christus gegenwärtig ist, wieder einmal in einen Angstzustand verfiel; er rüttelte ihn mit den Worten auf: *Was dich erschreckt hat, ist nicht Christus, denn Christus erschreckt nicht, sondern tröstet.*[31]

Der Einfluss, den Staupitz auf seinen jungen Mitbruder ausübte, belegt die These der neueren Lutherforschung, die zur

Johannes von Staupitz.
Anonymes Gemälde,
16. Jahrhundert

Reformation führenden Entwicklungen in Wittenberg seien als «Gruppenphänomen» zu werten und die «Zentralfigur» dieser Gruppe von Vor- und Querdenkern sei nicht Martin Luder gewesen, sondern Johannes von Staupitz.[32] Unter dessen Anleitung las Martin vor allem den Straßburger Mystiker Johannes Tauler (um 1300–1361) aus dem Dominikanerorden und fand bei ihm *mehr an ordentlicher und ernsthafter Theologie […] als bei sämtlichen scholastischen Gelehrten*[33].

Tauler, von dem das Adventslied «Es kommt ein Schiff geladen» stammt, vertrat eine innige Christusmystik: Die Seele des Gott suchenden Menschen müsse von allen Bildern und Vorstellungen leer werden und eine Phase trostloser Gottverlassenheit durchleiden, bis sich auf dem Grund der Seele der immer schon dort wohnende Gott finden lasse. Bei Tauler hat dieser Gott aber nicht – wie bei dunklen Mystikern von der Art Meister Eckharts – die Gestalt einer «stillen Wüste» oder einer namenlosen «Nichtperson», sondern er wird in Jesus Christus als leidender, liebender Mensch erfahrbar.

Wer sprechen und hören will, muss lernen, einsam zu sein mit

Christus. So geschah es mir. Meine Lehre und Predigt konnte ich nicht in allen Büchern erwerben, im Aristoteles, bei den Scholastikern, Thomas, Scotus, bis ich von der Menge abgesondert wurde und ihn allein hörte. Als ich das tat und jenen allein hörte und mich ihm mit Maria zu Füßen setzte, da habe ich gelernt, was Christus ist, und wurde ein Gelehrter im Glauben.[34] Wie Luther hier seine mystische Erfahrung schildert, wird nicht nur manchen nüchternen Protestanten überraschen. Deutlich wird auch, dass er keineswegs dem von Aberglauben und Dämonenangst beherrschten «finsteren Mittelalter» in einem plötzlichen, furiosen Befreiungsschlag eine ganz neue, unbefangenere, erwachsene Gottesbeziehung entgegensetzte, sondern dass es damals am Ausgang des Mittelalters durchaus unterschiedliche Christusbilder, Frömmigkeitsmuster und Glaubensmentalitäten gab: nicht nur die Furcht vor Weltuntergang und Höllenfeuer, sondern auch die zärtlich intime Christusmystik eines Bernhard von Clairvaux oder die um eine persönliche Gotteserfahrung im Alltag bemühten «Brüder vom gemeinsamen Leben», die der junge Martin in Magdeburg kennengelernt hatte.

So ein menschenscheuer, von Halluzinationen geplagter, in die Probleme der eigenen Seele verliebter Zwangsneurotiker kann der Mönch Martin Luder nicht gewesen sein, sonst hätte man ihm nicht immer mehr Verantwortung im Orden aufgebürdet. Als es hier in der Umsetzung von Reformtendenzen zu Spannungen zwischen verschiedenen Fraktionen kam, schickte man ihn mit einem anderen Delegierten im Winter 1510/11 zu klärenden Gesprächen nach Rom, zum Ordensgeneral. Bei klirrender Kälte pilgerte er zu Fuß über vereiste Alpenpässe, stieg in der Ewigen Stadt zu den Märtyrergräbern hinab und rutschte auf den Knien die «Pilatustreppe» hinauf, um seinen Großvater aus dem Fegfeuer erlösen zu helfen. Von den antiken Herrlichkeiten Roms hat er entgegen der Legende so wenig gesehen wie vom Glanz der aufblühenden Renaissance (der neue Petersdom existierte erst als Entwurf) und von der Verkommenheit des päpstlichen Hofes; er interessierte sich einfach nicht dafür.

Kaum zum Doktor der Theologie promoviert, begann der Achtundzwanzigjährige 1513 in Wittenberg mit einer höchst produktiven Vorlesungs- und Predigttätigkeit; über die Paulusbriefe, die Psalmen, das Buch Genesis hat er gelesen, morgens um sechs

Stadtansicht von Wittenberg. Kolorierter Holzschnitt aus der Cranach-Werkstatt, 1558

Uhr, im Winter um sieben Uhr, wie es zum Lebensrhythmus des ausklingenden Mittelalters passte. Gepredigt hat er in der Stadtkirche, mindestens an jedem Sonn- und Feiertag – und deren gab es viele. Mehr als zweitausend dieser Predigten sind ganz oder teilweise erhalten. Zwei Jahre später wählte ihn das Generalkapitel seines Ordens außerdem zum Distriktsvikar – was bedeutete, dass er elf Konvente zu beaufsichtigen hatte, unter anderem Dresden, Erfurt, Gotha, Magdeburg.

Ich brauche fast zwei Schreiber oder Kanzler, klagte er im selbstmitleidigen Ton eines Managers gegenüber einem Erfurter Professorenkollegen. *Ich tue den ganzen Tag beinahe nichts weiter als Briefe schreiben. […] Ich bin Klosterprediger, Prediger bei Tisch, täglich werde ich auch als Pfarrprediger verlangt; ich bin Studien-Rektor, ich bin Vikar, das heißt ich bin elfmal Prior, Fischempfänger in Leitzkau, Rechtsanwalt der Herzberger in Torgau, halte Vorlesungen über Paulus, sammle [Material] für den Psalter, und das, was ich schon gesagt habe: die Arbeit des Briefschreibens nimmt den größten Teil meiner Zeit in Anspruch. Selten habe ich Zeit, das Stundengebet ohne Unterbrechung zu vollenden und zu halten. Dazu kommen die eigenen Anfechtungen des Fleisches, der Welt und des Teufels. Siehe, welch ein müßiger Mensch ich bin!*[35]

Wittenberg war ja keine alte Universitätsstadt mit eingefahrenen Strukturen, sondern ein Abenteuer versprechendes neues Pflaster. In Sachsen herrschte Kurfürst Friedrich der Weise aus der ernestinischen Linie der Wettiner, damals eine der stärksten und unabhängigsten politischen Führungsfiguren im Reich. Eben

erst, 1502, hatte er die Wittenberger Hochschule gegründet, um der fast hundert Jahre alten Leipziger Universität – seit der 1485 erfolgten Erbteilung bei den Wettinern im Besitz seiner albertinischen Verwandten – Konkurrenz zu machen und die intellektuelle Elite seines Ländchens in eigener Regie auszubilden. Und siehe da, in dem verdreckten, armseligen Provinzstädtchen Wittenberg *am Rand der Zivilisation*[36] wuchs tatsächlich eine Denkfabrik mit einem ziemlich freien Forschungsklima empor, die parallel zur wachsenden Prominenz der Doctores Luther und (später) Melanchthon Studenten aus allen Ecken des Reiches anzog: 1520 waren es allein in Melanchthons Griechischkurs bis zu 600 Hörer – und Wittenberg hatte höchstens 2500 Einwohner!

Hier in den Wittenberger Lehrveranstaltungen blitzt bereits eine Menge von Luthers widerborstiger Theologie auf: Gestützt auf Augustinus, liest er Paulus auf eine erregende Weise neu, redet er ohne die bis dato übliche moralische oder metaphysische Brille von Sünde und Gnade, sagt er dem seit Jahrhunderten aufgetürmten scholastischen Gedankengebäude einfach dadurch den Kampf an, dass er die biblischen Grundlagen voraussetzungslos, ja naiv neu entdeckt, als hätte es all die zahllosen Auslegungen, Einschränkungen, Filtermethoden nie gegeben. *Denn es ist am Tage, dass es, weil so etwas in den Universitäten eine lange Zeit nicht behandelt worden ist, dahin gebracht worden ist, dass das heilige Wort Gottes nicht allein unter der Bank gelegen hat, sondern von Staub und Motten nahezu verwest ist.*[37]

Nicht durch unsere gerechten Taten werden wir gerecht, lässt Doktor Luder gegen Aristoteles – bisher unangefochten als Türhüter zur hohen Theologie – verlauten, sondern die Gnade Gottes macht uns erst fähig, gerecht zu handeln. Ohne diese Gnade kann der Mensch nichts Gutes tun, und deshalb hat auch der frömmste, religiös und menschlich sich absolut korrekt verhaltende Mensch Gott nicht einfach in der Tasche und keinen Grund, sich auf seine Leistungen etwas einzubilden. Gott gewährt seine Gnade frei und aus Liebe – nicht weil er muss. Zwischen Mensch und Gott gibt es nicht die Regeln einer Geschäftsbeziehung, sondern nur das Gesetz der Liebe.

Wer den Weg zum Himmel finden will, der muss lernen, *sich nicht zu entschuldigen, sich nicht zu rechtfertigen, sich nicht selbst etwas zuzuschreiben*[38], so oder so ähnlich sagt er es in seiner ersten Psalmenvorlesung 1513, von der wir keine studentische Nachschrift besitzen, sondern nur Luders Vorarbeiten und ausführliche Anmerkungen zum Bibeltext. Den hat er für die Studenten auf großen Blättern mit weitem Zeilenabstand drucken lassen, damit sie seine Vorlesungen mitschreiben und die Bibelverse am Rand und zwischen den Zeilen kommentieren können. *Mit keinerlei Verdienst* darf der Mensch prahlen, sondern einzig *die nackte Barmherzigkeit Gottes und seine frei gespendete Güte* preisen. *Wenn du etwas hast, so sollst du das durchaus deutlich sagen. Aber nicht als ob es das deine wäre.*[39]

Von der Vorlesung über den Römerbrief des Apostels Paulus hingegen liegen nicht weniger als fünf Mitschriften vor, die so frappant übereinstimmen, dass man von einem wörtlichen Diktat durch Professor Luder ausgehen kann.[40] Seine eigene Vorlesungshandschrift fand sich um die Wende zum 20. Jahrhundert in der Königlichen Staatsbibliothek Berlin – als anonymes Ausstellungsstück unter Glas. Die Grundbotschaft des Römerbriefs sei die, *dass die Gerechtigkeit Gottes gänzlich aus dem Glauben kommt*[41]. – *Denn nicht etwa, weil er gerecht ist, wird er [der Mensch] von Gott [für gerecht] erachtet, sondern weil er von Gott [dafür] erachtet wird, ist er gerecht [...]. Glaubt einer nämlich an Christus und sein Herz macht ihm Vorwürfe und klagt ihn dadurch an, dass es ein schlechtes Werk gegen ihn zum Zeugen aufruft, so wendet es sich alsbald davon ab, wendet sich Christus zu und sagt: Der hat aber Genugtuung geleistet, er ist gerecht, er ist mei-*

Harte Züge, weicher Mund: der Mönch Martin Luder. Kupferstich von Lucas Cranach d. Ä., 1520

ne Zuflucht, er ist für mich gestorben, er hat seine Gerechtigkeit zu meiner Gerechtigkeit gemacht und meine Sünde zu seiner Sünde.[42]

Und auch das wird deutlich an diesen frühen Aufzeichnungen aus dem Hörsaal: Der junge Professor Luder hatte keinesfalls den dramatischen Bruch mit der Kirche im Sinn. Jene sarkastische Kritik an Bischöfen, Prälaten und konservativen Kollegen, die sich in etlichen Passagen seines minutiös ausgearbeiteten Vorlesungsmanuskripts findet, fehlt in den studentischen Mitschriften oder taucht nur in stark abgeschwächter Form auf.[43] Offenbar wollte er die Heißsporne, die es unter Studenten immer gibt, nicht auch noch anstacheln.

Irgendwann in diesen Jahren, so will es die Legende, soll Luder sein sogenanntes «Turmerlebnis» gehabt haben.[44] Eine delikate Geschichte: In seinen Tischreden wird er sich 1532 erinnern, die zündende Erkenntnis der Rechtfertigung allein durch den Glauben habe ihm *der S. S. [Spiritus Sanctus, der Heilige Geist] auf diss Cl. eingeben*[45]. Johannes Schlaginhaufen, dem wir diese Mitschrift verdanken (er war damals Pfarrer im Dorf Zahna bei Wittenberg und führte später im Fürstentum Anhalt-Köthen die evangelische Gottesdienstordnung ein), hat wohl heute noch keine Ruhe im Grab gefunden, so wild wogt unter Experten der Streit über seine dezente Abkürzung.

Ist tatsächlich die «Cloaca» gemeint, der Abort jenes Wohnturms im Wittenberger Kloster, dessen mit einer Wandheizung versehenes Untergeschoss noch steht? Luther litt zeitlebens an Verstopfung und Harnverhaltung. Da sei es doch möglich, so spekulieren manche Psychiater, dass er am Ort seiner, nun ja, explosionsartigen körperlichen Erlösung auch ein seelisches, psychosomatisches, spirituelles Befreiungserlebnis gehabt habe!

Oder sprach er vom Arbeitszimmer über der Toilette? Oder führt uns wieder einmal Luthers ebenso derber wie metaphorischer Sprachstil in die Irre, und er wollte einfach sagen, dass diese Welt eigentlich zum Kotzen und gleichzeitig voll wunderbarer Weisheiten sei? Wie er es in einem Loblied auf die Musik und den Herrgott tat, der uns schon in diesem einem *Scheißhaus*[46] gleichenden Leben solche Schätze gegeben habe; wie werde das erst im ewigen Leben sein? Wofür spricht, dass er von *diss Cl.* spricht, also von einem Ort, an dem er sich jetzt in diesem Augenblick mit seinen Hörern befindet.

Der ganze Zwist ist müßig. Denn der «reformatorische Durchbruch», wie es in der Fachliteratur heißt, hat wohl kaum in einer am Studiertisch durchwachten Nacht oder während einer schmerzlösenden Toilettensitzung stattgefunden, sondern war das Produkt eines jahrelangen Ringens – intellektuell wie geistlich. Den alles verwandelnden Blitzstrahl vom Himmel gibt es selten, Bekehrungen dauern oft ein ganzes Leben. Auch wenn so ein mühsamer Lernprozess traditionell gern in ein genau datierbares Erlebnis verwandelt wird, wie es schon die Bibel mit Paulus vorexerziert und wie es Augustinus oder Calvin getan haben.

Es geht also um eine fortschreitende Entwicklung in Luthers Denken, um eine stufenweise bessere Durchdringung und stärkere Gewissheit. Eine ungefähre Datierung dieser allmählichen Wende ist den Forschern dennoch enorm wichtig. Denn wenn seine theologische Positionierung schon vor der Veröffentlichung der berühmten 95 Thesen 1517 abgeschlossen war, dann wäre es auch ohne diese Thesen zwangsläufig zum Konflikt mit Rom gekommen. Datiert man den «Durchbruch» aber auf das Jahr 1518 oder kurz danach, dann wird diese Auseinandersetzung mit Rom ihrerseits zum wichtigen Bestandteil von Luthers reformatorischer Theologie.

Und was war jetzt der Kern dieser umwälzenden neuen Rede von Gott und vom Menschen? In der Vorrede zur lateinischen Gesamtausgabe seiner Schriften gibt er 1545 selbst eine klassisch gewordene Zusammenfassung: *Ich konnte den gerechten, die Sünder strafenden Gott nicht lieben, im Gegenteil, ich haßte ihn sogar. Wenn ich auch als Mönch untadelig lebte, fühlte ich mich vor Gott doch als Sünder, und mein Gewissen quälte mich sehr. Ich wagte nicht zu hoffen, daß ich Gott durch meine Genugtuung versöhnen könnte. Und wenn ich mich auch nicht in Lästerung gegen Gott empörte, so murrte ich doch heimlich gewaltig gegen ihn: Als ob es noch nicht genug wäre, daß die elenden und durch die Erbsünde ewig verlorenen Sünder [...] mit jeder Art von Unglück beladen sind – mußte denn Gott auch noch durch das Evangelium Jammer auf Jammer häufen und uns auch durch das Evangelium seine Gerechtigkeit und seinen Zorn androhen?*

[...] Tag und Nacht war ich in tiefe Gedanken versunken, bis ich endlich den Zusammenhang der Worte beachtete: ‹Die Gerechtigkeit Gottes wird in ihm [im Evangelium] offenbart, wie geschrieben steht: Der Gerechte lebt aus dem Glauben.› Da fing ich an, die Gerechtigkeit Gottes als eine solche zu verstehen, durch welche der Gerechte als durch Gottes Gabe lebt, nämlich aus dem Glauben. [...] Da fühlte ich mich wie ganz und gar neu geboren, und durch offene Tore trat ich in das Paradies selbst ein. [47]

Das heißt, dieselbe biblische Rede von der «Gerechtigkeit Gottes», die ihn lange Zeit in Angst und Schrecken gestürzt hat, wird ihm nun mehr und mehr zur Grundlage eines unerschütterlichen Vertrauens. Der Schlüsseltext dabei ist ein Vers aus dem Brief, den Paulus der Christengemeinde in Rom geschrieben hat (Röm 1,17).

«[...] Der Sohn dem Vater ghorsam
ward,
er kam zu mir auf Erden
von einer Jungfrau rein und zart,
er sollt mein Bruder werden.
Gar heimlich führt er sein Gewalt,
er ging in meiner armen Gstalt,
den Teufel wollt er fangen.

Er sprach zu mir: halt dich an mich,
es soll dir jetzt gelingen;
ich geb mich selber ganz für dich,
da will ich für dich ringen.
Denn ich bin dein, und du bist mein,
und wo ich bleib, da sollst du sein,
uns soll der Feind nicht scheiden.»

6. und 7. Strophe des Lutherlieds
«Nu freut euch, lieben Christen gmein»

Statt sich vor dem Jüngsten Tag
und einem zornigen Richtergott
zu fürchten, darf einer, der an
Christus glaubt und sich an
ihm festhält, darauf bauen, dass
Gottes Gerechtigkeit die Gestalt
der Barmherzigkeit annimmt
und den Glaubenden «gerecht
macht».

Ganz neu ist das alles nicht.
Von einem leidenschaftlich
liebenden Gott, der seine treu-
losen Geschöpfe umwirbt wie
ein betrogener Ehemann seine
zur Hure gewordene Frau (Hos
1–3), reden schon die Propheten Israels. Der Wanderrabbi Jesus
verkündet einen zärtlichen Gott, den man «Abba» nennen darf,
auf Deutsch: lieber Vater (Mt 6,9). Die Kirchenväter der ersten
Jahrhunderte schwärmen bisweilen in mystischem Überschwang
von der Menschenfreundlichkeit Gottes; wenn der Teufel sieht,
mit welcher Liebe er sie umgibt, wird er sich beschämt trollen.[48]

Aber in der mittelalterlichen Kirche war dieses Gottesbild zurückgedrängt worden von einer lähmenden Angst; Sühne, Buße,
harte Askese und aufwendige Riten waren nötig, um den himmlischen Richter gnädig zu stimmen. Religion schien gleichbe-
deutend mit Leistung – und das Geschäft mit der Gnade, das die
Ablassprediger betrieben, völlig normal. Da wirkte es wie eine
Revolution, die biblische Wahrheit vom Geschenkcharakter der
göttlichen Liebe wieder ins Bewusstsein zu rücken. Von einem
Gott zu reden, der sich nicht ködern und kaufen lässt, sondern
sich aus freiem Entschluss, aus Liebe dem Menschen zuwendet.

Im Grunde sei das eine «Theologie von unten»[49] gewesen, hat
man gesagt, ein Paradigmenwechsel hin zum Menschen: Anders
als die durch Thomas von Aquin und Wilhelm von Occam präg-
ten Scholastiker setzt Luther nicht bei Gott und seinem transzen-
denten Wesen an, sondern bei den Bedürfnissen des Menschen.
Statt strohdürrer akademischer Diskussionen über die Möglichkeiten, Gott zu erkennen, die existenziell bedrängende Frage, was

Gott von mir persönlich will und ob und wie er mich – mich! – retten und selig machen will.

Luther über die unfruchtbaren Spekulationen zu den Beziehungen innerhalb der göttlichen Dreieinigkeit: *Also haben ihn die Sophisten gemalt, wie er Mensch und Gott sei, zählen seine Beine und Arme, mischen seine beiden Naturen wunderlich ineinander, welches denn nur eine sophistische Erkenntnis des Herrn Christi ist, denn Christus ist nicht darum Christus genennet, daß er zwo Naturen hat, was geht mich dasselbige an? [...] Daß er von Natur Mensch und Gott ist, das hat er für sich, aber daß er sein Amt dahin gewendet und seine Liebe ausgeschüttet und mein Heiland und Erlöser wird, das geschieht mir zu Trost und zu gut, es gilt mir darum, daß er sein Volk von Sünden los machen will.*[50]

Bei allem Jubel über die Befreiung seiner bangen Seele bleibt Luther Realist – und nennt den Menschen sein Leben lang in einer berühmt gewordenen Formel *simul iustus et peccator*, gerecht und Sünder zugleich.[51] Der von Gott gerecht gemachte, zurechtgebrachte Mensch lebt weiterhin in einer sündigen, beschädigten Welt, er bleibt zwangsläufig hinter dem Anspruch Gottes zurück. Wenn er sich selbst anschaut, sieht er Sünde und Versagen; wenn er auf Gott blickt, Gnade und Gelingen. Für einen religiös empfindenden Menschen ist das eine atemberaubende Botschaft, die ein enormes Potenzial an Lebensmut freizusetzen vermag: «Mitten in seinem ständigen Widerstand gegen Gott kann so der Sünder gerecht sein – weil Gott seine Gemeinschaft mit dem Sünder auch gegen dessen Widerstreben nicht mehr widerruft. [...] Er soll es sich sagen lassen, er soll, ganz einfach, glauben. Dadurch – nicht etwa, indem sie in sich selbst harmlos würde – verliert die Sünde ihre Macht, den Sünder von Gott zu trennen, das heißt ihn zu ‹verdammen›.»[52]

«Das hieß den Himmel herabstürzen und die Welt in Brand stecken»: der Streit um den Ablass (1517/18)

Mit großem Gefolge und einer eisenbeschlagenen Geldtruhe zieht 1517 der Dominikaner Johann Tetzel durch Sachsen, um im Namen des Papstes den «Petersablass» anzubieten. Er reist im Auftrag des Markgrafen Albrecht von Brandenburg, der das für die Ablasszettel zu entrichtende Geld – jeweils 23 Rheinische Goldgulden von Königen und Bischöfen, von den kleinen Leuten mindestens einen halben Gulden – dringend braucht, um seine Schulden zu bezahlen. Die «Ablasskommissare», wie die Prediger heißen, sind zwar gehalten, erst einmal gewissenhaft Beichte zu hören und den Habenichtsen ihre Absolution auch für Gebet und Fasten zu geben. In der Öffentlichkeit setzt sich dennoch zwangsläufig der Eindruck fest, die Gnade sei ein Geschäft.

Der Ablass an sich war eine gängige Praxis und theologisch keineswegs umstritten. Er entwickelte sich aus der Bußpraxis heraus: In den ersten christlichen Jahrhunderten hatte es nur bei gravierenden Vergehen – Mord, Ehebruch, Abfall vom Glauben – ein

Albrecht II. von Brandenburg (1490–1545) war bereits Bischof von Magdeburg und Administrator (Verwalter) des Bistums Halberstadt, als er sich 1514 auch noch zum Erzbischof von Mainz wählen ließ, um die damit verbundene Würde eines Kurfürsten und Erzkanzlers des Reiches zu erlangen. Um die erforderlichen Gebühren an Kaiser und Papst zahlen zu können (einschließlich hoher Dispensgelder an die Kurie, weil die im Reich bisher beispiellose Ämterhäufung gegen das Kirchenrecht verstieß), nahm er bei den Fuggern einen Kredit von 29 000 Goldgulden auf und verschrieb ihnen dafür die Hälfte der Erlöse aus dem «Petersablass», der wiederum den Neubau der Peterskirche in Rom finanzieren sollte. Albrecht war zwar geschäftstüchtig und hatte auch eine Mätresse, übte seine priesterlichen und bischöflichen Funktionen aber sehr pflichtbewusst aus. Der humanistisch gebildete, mit einem friedlichen Charakter gesegnete Kirchenfürst begegnete Luther mit Toleranz und Nachsicht; er weigerte sich, das «Wormser Edikt» zu unterzeichnen, und ließ es in seinen Territorien zunächst nicht veröffentlichen.

32

öffentliches Bekenntnis gegeben und nach strengen Bußwerken die öffentliche Wiederaufnahme in die kirchliche Gemeinschaft, das war nur einmal im Leben möglich. Schlaue Christen warteten mit so einer Generalbeichte deshalb gern bis zum Totenbett. Vom irisch-angelsächsischen Raum her setzte sich dann die bis heute übliche Privatbeichte durch, beliebig wiederholbar und mit einer je nach Übertretung genau festgelegten «Tarifbuße» verbunden: Gebete, Fasten, Wallfahrten, Almosen. Wenn nun jemand starb und seine vielen kleinen Sünden noch nicht vollständig abgebüßt beziehungsweise seit der letzten Beichte neue begangen hatte, dann nahm er dieses Strafkonto einfach ins Jenseits mit – die Idee des «Fegfeuers» war geboren.

Schaudernd erzählte man sich, aus dem Ätna auf Sizilien lasse sich das Heulen der Teufel hören, die über die durch Almosen und Gebet ihren Händen entrissenen Seelen klagten. Dass die Lebenden den Verstorbenen durch Gebet und gute Werke zu Hilfe kommen wollten, war ja auch eine schöne Geste natürlicher Solidarität. Auf Erden profitierten die Besitzlosen, die Kranken, Witwen und Waisen von den mildtätigen Stiftungen, die im Gedenken an die sogenannten Armen Seelen eingerichtet wurden. Die kirchliche Hierarchie benutzte den Glauben an das Fegfeuer freilich auch als Machtinstrument und machte gute Geschäfte mit Mess-Stipendien und Ablässen für die Verstorbenen.

So ein durch Gebet, Pilgerfahrten, später zunehmend auch durch Geldspenden zu erlangender Ablass konnte also keinesfalls die Reue des Sünders und die Vergebung seiner Schuld durch Gott ersetzen, sondern lediglich die aus dem sündhaften Verhalten folgende Strafe lindern. Es waren auch die im Mittelalter fortlebenden germanischen Ideen von Wiedergutmachung und Sippenhaftung, die dahinterstanden. So weit, so gut. Nun hatte sich aber immer mehr die Möglichkeit in den Vordergrund geschoben, die mühsamen Bußwerke durch eine flinke Geldzahlung zu ersetzen, und eine aberwitzige Rechenkunst verdeckte den ursprünglichen Sinn der Ablasslehre.

Wer die Peterskirche in Rom in frommer Absicht besuchte, konnte pro Treppenstufe sieben Jahre und für das Gebet an einem der Altäre wieder sieben Jahre «Strafnachlass» erlangen, bei 30 Stufen und fünf Altären also an einem einzigen Pilgertag 245 Jahre

Der Papst verkauft Ablass. Holzschnitt von Lucas Cranach d. Ä. zu «Passional Christi und Antichristi» von Martin Luther (?), 1521

Fegfeuer einsparen. Wenn das Schweißtuch der mitleidigen Veronika gezeigt wurde, in das Jesus damals auf dem Kreuzweg sein Antlitz eingeprägt hatte, gab es für das Betrachten der kostbaren Reliquie sogar 12 000 Jahre Strafnachlass.

Ausgerechnet die Wittenberger Schlosskirche war bei ihrer Einweihung 1503 mit dem respektablen Ablassquantum von 100 Tagen pro Kirchenbesuch und Reliquie ausgestattet worden. Kurfürst Friedrich der Weise, der stolz auf seine umfangreiche Reliquiensammlung war – exakt 19 013 «Partikel», darunter Brotkrumen vom Letzten Abendmahl Jesu und Muttermilch der Jungfrau Maria –, feilschte mit der römischen Kurie erfolgreich um eine Erhöhung des Ablassquantums, sodass im Jahr 1520 ein fleißiger Pilger bei einem einzigen Aufenthalt in Wittenberg sage und schreibe 1 902 202 Jahre und 270 Tage Ablass verdienen konnte.[53]

Und nun lief dieser Johann Tetzel herum und predigte: *Er hätte solch eine Gnade und Gewalt vom Papst: wenn einer gleich die heilige Jungfrau Maria, Gottes Mutter, geschwächt [vergewaltigt] oder geschwängert hätte, so könnte ers vergeben, wenn derselbe in den Kasten lege, was sich gebühre. [...] Weiter: es wäre nicht notwendig, Reue oder Leid oder Buße für die Sünde zu haben, wenn einer den Ablaß oder die Ablaßbriefe kaufe [...]. Er verkaufe auch Ablaß für künftige Sünde.*[54]

Wenn Luther im Rückblick (1541) richtig zitiert, hatten Tetzels Parolen nicht das Geringste mit solider Theologie zu tun. Und Rom hatte die Auswüchse der Ablasspredigt mehrfach scharf angeprangert – zuletzt Papst Sixtus IV. im Jahr 1478 –, freilich ohne den Worten überzeugende Taten folgen zu lassen. Doktor Luder sah sich als Seelsorger und Beichtvater zunehmend mit der irrigen Vorstellung konfrontiert, man könne Gottes Gnade und Vergebung kaufen und sich mit einer großzügigen Geldspende um die nötige Lebensänderung herumdrücken. Ein verantwortungsbewusster Theologe musste sich zu Wort melden und die Dinge klarstellen.

Mehr hatte er nicht im Sinn, als er am 31. Oktober 1517 seine berühmt gewordenen 95 Thesen[55] an den zuständigen Erzbischof Albrecht sandte – was sicher ist – und vielleicht auch noch an die Wittenberger Kirchentüren heften ließ – worüber man nur spekulieren kann. Universitätslehrer benutzten die Kirchenportale nicht selten als «Schwarzes Brett», um eine öffentliche Diskussion anzuregen, und so hat es Luthers Freund Melanchthon später auch zu Protokoll gegeben. Vom «Thesenanschlag» wusste er allerdings nur vom Hörensagen, er war ein Jahr später nach Wittenberg gekommen und erwähnte das Ereignis erst, als Luther schon tot war. In den drei Jahrzehnten, die dazwischenlagen, sprach kein Mensch vom Thesenanschlag.

Sicher ist dagegen, welche Bedeutung die Veröffentlichung der 95 Thesen für Luthers Selbstbewusstsein und Seelenleben gehabt haben muss: Seinen Brief an Erzbischof Albrecht unterschreibt er nicht mehr mit «Luder» wie bisher, sondern zum ersten Mal mit «Luther», einer Kurzform für den griechisch-lateinischen Namen «Eleutherius»: der Freie, Befreite. Unter Gelehrten war es üblich, den eigenen Familiennamen nach Humanistenmanier zu antikisieren. Luther verband mit der Namensänderung aber zusätzlich eine elektrisierende Botschaft. *Bruder Martinus Eleutherius, ja Knecht und Gefangener allzu sehr, Augustiner zu Wittenberg*[56], unterzeichnete er kurz darauf einen Brief an einen Erfurter Freund

und gab ihm damit zu verstehen, dass er sich befreit fühlte – aus den Fesseln der scholastischen Theologie, aus der Furcht vor den Kirchengewaltigen, aus der Angst vor einem rächenden Gott.

Zunächst noch völlig konform mit der offiziellen Kirchenlehre, ruft Luther den ursprünglichen guten Sinn der Ablassidee, das Wesen der Buße und die Grenzen der päpstlichen Gewalt in Erinnerung: *Da unser Herr und Meister Jesus Christus sagt: ‹Tut Buße› usw. (Mt 4,17), wollte er, daß das ganze Leben der Gläubigen Buße sein sollte.*[57] *– Jeder Christ, der wahrhaft Reue empfindet, hat einen Anspruch auf vollkommenen Erlaß von Strafe und Schuld, auch ohne Ablaßbrief. Jeder wahre Christ, gleichviel ob lebendig oder tot, hat an allen Gütern Christi und der Kirche teil; Gott hat sie ihm auch ohne Ablaßbrief gegeben.*[58] *– Der Papst will und kann keine Strafen erlassen als solche, die er nach seiner eigenen Entscheidung oder der der kirchlichen Satzungen auferlegt hat.*[59] *– Man soll die Christen lehren, daß es besser sei, den Armen etwas zu schenken und den Bedürftigen zu leihen, als Ablässe zu kaufen. Denn durch ein Werk der Liebe wächst die Liebe im Menschen, und er wird besser; aber durch den Ablaß wird er nicht besser, sondern nur von der Strafe freier. Man soll die Christen lehren: wer einen Bedürftigen sieht und ihm nicht hilft, und statt dessen sein Geld für Ablaß gibt, der hat sich nicht des Papstes Ablaß, sondern Gottes Zorn erworben.*[60]

Das war eigentlich keine neue Lehre, aber eine ziemlich vergessene Sicht der Dinge. Luthers Stärke bestand darin, die tausend Verästelungen der kirchlichen Tradition, all die Doktrinen und Rechtssätze und Ausnahmeregelungen und wunderlichen Frömmigkeitspraktiken, auf den schlichten Kern des Evangeliums zurückzuführen. Plötzlich wurde alles ganz einfach – aber sehr schwierig und vor allem peinlich für die Hierarchen, Kirchenbürokraten und Vatikanjuristen, die so eine arglose Rückfrage an Jesus nicht mehr gewohnt waren und deshalb zur Ketzerei erklären mussten.

Luther rückte das Bewusstsein, von Christus befreit und gerechtfertigt zu sein, in den Vordergrund; dann erübrigte sich die ganze furchtsame Rechnerei mit Fegfeuerjahren und Strafquanten. Gebet und Pilgern und Armenhilfe und all die anderen «Bußwerke» sollten nicht zur Entlastung von Sündenstrafen verrichtet werden, sondern selbstverständlicher Ausdruck einer gläubigen Lebenshaltung sein. Was so schlicht, fromm und logisch klingt, barg freilich gewaltigen Zündstoff für ein Kirchenimperium, das von ebendiesen Irrwegen lebte: Buße nicht als radikale, täglich zu erneuernde Lebensumkehr zu Jesus Christus, sondern viele kleine Sündenbekenntnisse, Strafnachlässe, Vergebungsakte und Gnadenhäppchen in Abhängigkeit von einer über Himmel und Hölle gebietenden, Christi Verzeihung dosierenden, die Liebe Gottes verwaltenden Priesterkaste – ein Zerrbild, gemessen an der klassischen römischen Theologie, aber traurige Realität Anfang des 16. Jahrhunderts in Rom, Paris, Köln und Wittenberg.

Und dass Gott den vertrauensvoll an ihn glaubenden Menschen bedingungslos annehmen sollte, also ohne dazwischengeschaltete priesterliche Vermittlung, das konnte dem Papst kaum gefallen, der die Kontrolle über den, wie man sagte, «Kirchenschatz» der Gnaden Christi und der Verdienste aller Heiligen beanspruchte. Die 95 Thesen sind alles andere gewesen als das Revolutionsfanal eines streitsüchtigen Eiferers, sondern die bedächtige, durchaus respektvolle Formulierung von Fragen, die vielen auf der Seele brannten. Und dennoch hat Luther recht, wenn er im Rückblick 1545 feststellt: *Das hieß den Himmel herabstürzen und die Welt in Brand stecken.*[61]

Denn während Erzbischof Albrecht ein Gutachten der Universität Mainz zu den Thesen erbat – so war es gängige Praxis und von Luther wohl auch gewollt – und das Schriftstück eilends direkt an den Papst schickte – was keinesfalls üblich war –, entfaltete die Wittenberger Wortmeldung eine ungeahnte Eigendynamik. Bevor das Jahr zu Ende ging, war sie in Leipzig, Nürnberg und Basel gedruckt, in Nürnberg auch in deutscher Übersetzung. Die gewünschte Disputation war zwar nicht zustande gekommen, aber überall sprach das gebildete – und bald auch das weniger gebildete – Publikum über die Thesen. *Der Ruhm war mir nicht lieb*, bekannte der damals noch recht scheue Wittenberger erschrocken, *ich wußte selbst nicht, was der Ablaß wäre, und das Lied wollte meiner Stimme zu hoch werden.*[62]

Sein Rivale Tetzel schlug vor, kurzen Prozess zu machen und den frechen Mönch auf den Scheiterhaufen zu schicken. Als Luther im März 1518 einen *Sermon von Ablaß und Gnade*[63] in deutscher Sprache nachreichte, der den Kern der 95 Thesen in populärer Verknappung enthielt, versuchte er ihm nachzuweisen, dass er auf den Spuren der Erzketzer Jan Hus (1415 in Konstanz verbrannt) und John Wyclif (1418 verbrannt, zum Glück nur seine Gebeine, gestorben war er schon 1384) wandele, während die Position des Papstes nicht zur Diskussion stehe. Was ihm kaum jemand abnahm. Ähnlich grob gestrickt, aber ernster zu nehmen waren die Gegenthesen, die der renommierte Ingolstädter Theologe Johannes Eck für den Bischof von Eichstätt erarbeitete; Eck sollte in der Folgezeit zu Luthers härtestem Gegenspieler in der Theologenzunft werden. Die Führung des Augustinerordens begann jedenfalls um den hoffnungsvollen jungen Mitbruder zu bangen und zu überlegen, wie man ihn aus der Schusslinie nehmen konnte. Denn der früher so schüchterne Professor Luther hatte plötzlich Kampfgeist entwickelt: *Je mehr jene wüten, desto weiter gehe ich vor.* [64]

Seine Thesen hätten keine so erstaunliche Öffentlichkeitswirkung entfaltet, wäre die Zeit nicht auf der Kippe gestanden. 1517 war noch Mittelalter und schon Neuzeit. Kaiser Maximilian I. (1459–1519) tat sich auf seine humanistische Bildung viel zugute, doch sterben wollte er wie ein armer Büßer: Nach seinem Tod solle man ihm das Haar scheren, die Zähne ausbrechen und seinen Leib auspeitschen, verfügte er testamentarisch.[65] Während sich die Latein beherrschende Bildungselite um Luthers kleine Schrift riss, sammelten Ablassprediger für den Wiederaufbau einer abgebrannten Kirche irgendwo in Böhmen mühelos 15 000 Gulden. Die Menschen bewunderten den eben erst in Nürnberg erfundenen Globus, interessierten sich für die von Christoph Kolumbus entdeckten fernen Inseln und Leonardo da Vincis technische Errungenschaften – und glaubten felsenfest an die Hexenkünste der bösen Nachbarin, trugen Amulette gegen Liebeszauber und sprengten geweihtes Wasser über ihre Felder, um die Dämonen zu vertreiben.

«O Jahrhundert! O Wissenschaft! Es ist eine Lust zu leben», schrieb der Humanist Ulrich von Hutten 1518 an einen Freund, «die Studien blühen, die Geister regen sich; Barbarei, nimm einen Strick, deine Verbannung steht bevor.» [66] Die Bürgerkultur in den Städten, die urbane Atmosphäre im Umkreis der Fürstenhöfe, die neuen Möglichkeiten des Buchdrucks: all das beflügelte nicht nur das literarische Interesse, sondern auch das geistig-moralische Niveau.

An den großen Heiligenfesten und den vielen Feiertagen – rund fünfzig im Jahr – zogen Pilgerströme und Prozessionen durch die Städte. Angesichts der dunkel glühenden Farbenpracht der Glasfenster in den Kathedralen meinten sie in den Himmel zu schauen. Die Volksfrömmigkeit war von Äußerlichkeiten, Aberglauben, Vertrauen auf magische Riten getragen und gleichzeitig von einer vibrierenden religiösen Sehnsucht bestimmt. Man lief von Kirche zu Kirche, um einen Blick auf die während der Wandlung in die Höhe gehaltene Hostie zu erhaschen, und rannte los zum nächsten Gottesdienst. Wer nicht lesen konnte – und das war immer noch die große Mehrheit –, betrachtete die Fresken und Altargemälde in den Kirchen, die Totentänze, die biblischen Szenen; alles war voller Bilder und Lieder.

Das kirchliche Personal war auf den unteren Rängen erbarmungswürdig schlecht ausgebildet und wenig motiviert; in den großen Städten wimmelte es von Mönchen, Kaplänen, Vikaren – manchmal zehn Prozent der Bevölkerung –, die gerade ein Viertel vom Lohn eines Maurergesellen verdienten und sich ihr armseliges Leben mit einer Konkubine zu verschönern suchten, für die sie dann allerdings eine jährliche Abgabe zahlen mussten, damit der Bischof ein Auge zudrückte. Doch immer öfter stellte die selbstbewusst gewordene Bürgerschaft jetzt ihre eigenen Prediger an, die Theologie studiert hatten und ihre Seelsorgepflichten ernst nahmen. Handwerker und Kaufleute organisierten sich in Bruderschaften, die ein intensives Frömmigkeitsleben mit sozialen Hilfswerken verbanden. Lesekundige Laien verfolgten den Gottesdienst neuerdings mit deutschen Übersetzungen der lateinischen Liturgie und hatten daheim Gebetbüchlein mit so hübschen Namen wie «Himmelsstraß» oder «Seelenwurzgärtlein». Es war nicht alles krank, schlecht oder verkommen in der vorreformatorischen Christenheit.

Obwohl das Treiben am päpstlichen Hof oder das Luxusleben in manchen deutschen Bischofspalästen herzlich wenig mit dem Evangelium des armen, gekreuzigten Jesus zu tun hatte. Die blaublütigen Domherren brachten ihre Jagdhunde in die Kathedralen mit, tauschten im Chorraum den neuesten Klatsch aus und ließen sich beim Messelesen von Hilfsgeistlichen vertreten. In Rom war auf Alexander VI. aus dem Hause Borgia mit seinen zahlreichen

Mätressen und Kindern und den begeisterten Feldherrn Julius II. der Medici-Papst Leo X. (1513–1521) gefolgt. Ein persönlich leidlich frommer Kirchenfürst, der den Vatikan zu einem Schatzhaus der Renaissancekultur machte, die römischen Sümpfe trockenlegte und die Spitäler ausbaute, aber für die nötige Reform der Kirche an Haupt und Gliedern wenig Sinn hatte. Und gar nicht spürte, dass die abendländische Christenheit auf einem Vulkan tanzte.

Auch in Politik und Gesellschaft lösten sich die alten Strukturen wie von selbst auf. Die wohlgeordnete Welt des Mittelalters brach auseinander: Fürsten, Ritter, Bürger, Bauern standen im Konflikt jeder gegen jeden. Der Adel verlor seine angestammten Aufgaben, weil die Geldwirtschaft plötzlich viel wichtiger war als Grundbesitz und die städtischen Magistrate, die herzoglichen Behörden, die Söldnertruppen seine bisherigen Funktionen übernahmen. Auf dem flachen Land gab es neben den – verstärkt in die Leibeigenschaft gezwungenen – Bauern immer mehr Kleinpächter, Häusler, Tagelöhner. Obwohl Bergbau und Fernhandel blühten, lebten in den Städten zwei Drittel der Bürger an der Armutsgrenze. An der Spitze der sozialen Pyramide standen die großen Kaufleute und Bankiers, ganz unten die Opfer der rasanten Wirtschaftsentwicklung: in Konkurs geratene kleine Handwerker und Familienbetriebe, «Hörige» auf dem Land, Schwerstarbeit verrichtende Kinder in den Bergbauregionen. Überall Gärung, Verzweiflung und die vage Hoffnung auf einen vom Himmel gesandten Retter.

Der Kaiser konnte das nicht sein, er führte zwar dauernd Krieg und hatte durch seine geschickte Heiratspolitik das Haus Habsburg zur Weltmachtstellung geführt, im Innern aber gewaltig an Autorität verloren. Das Reich war ein schwaches Gebilde, aufgesplittert in rund 300 Territorien, beherrscht von kleinen Fürsten und großen Geldsäcken, die in der Regel vollkommen egoistisch ihre Interessen verfolgten. Unter Kaiser Maximilian I. war der Reichstag zur festen Institution geworden, hier konnten der Adel, der hohe Klerus und neuerdings auch die Vertreter der Städte politischen Einfluss nehmen. Was sie auch massiv taten, denn das «Heilige Römische Reich Deutscher Nation» kannte keine Erbmonarchie; die Bewerber mussten sich der Wahl durch die sieben Kurfürsten stellen und entsprechende Zugeständnisse machen.

Ein Sturm wie die Reformation musste kommen und das zerbröckelnde Alte hinwegfegen, sagen viele Historiker; das mittelalterliche Ordnungsgefüge hätte der massiven Kirchenkritik, dem Aufbegehren der Laien, der bürgerlichen Bildungsbewegung, dem aufkommenden Nationalgefühl nicht mehr standhalten können. Die andere Fraktion der Fachleute macht ebenfalls eine Vielzahl von Krisenelementen aus, die aber unterschiedliche Ursachen und wenig Zusammenhang gehabt hätten. «Es war, so scheint es, vor dem Auftreten Luthers nicht einmal ausgemacht, ob die beharrenden oder die auf Veränderung zielenden Kräfte die Oberhand gewinnen würden.»[67]

Die interessanteste Rolle spielt in dem beginnenden Drama der sächsische Kurfürst Friedrich der Weise (1463–1525). Seine Macht lag nicht nur in den reichen Bodenschätzen und der blühenden Bergbauindustrie Sachsens, sondern auch in seinem Charakter: Er galt als Meister in der Kunst, Konflikte zu vermeiden und widerstreitende Interessen zu versöhnen. Wie seine geliebte Reliquiensammlung zeigt – er hatte in Italien einen gutbezahlten Agenten sitzen, der ständig neue Heiligenknochen und andere Attraktionen auftreiben sollte –, war er im herkömmlichen Glauben verwurzelt und umstürzlerischen Ideen gegenüber eher skeptisch. Wenn er dennoch zu Luthers treuestem Schutzpatron wurde, dann aus zwei Gründen: Zum einen wollte er sich den prominentesten Professor der jungen Wittenberger Universität, auf die er so stolz war, nicht wegen irgendwelcher römischen Empfindlichkeiten wegnehmen lassen. Zum andern sträubte sich sein ausgeprägtes Rechtsempfinden dagegen, jemanden als Ketzer zu behandeln, bevor er in einem korrekten Verfahren überführt worden war.

Deshalb legte sich Friedrich quer, als Luther im August 1518 nach Rom vorgeladen werden sollte – denn höchstwahrscheinlich wäre er dort in einem Kerker verschwunden –, und setzte stattdessen ein Verhör auf deutschem Boden (im Oktober in Augsburg) und später die entscheidende Verhandlung auf dem Wormser Reichstag 1521 durch. Statt die Reichsacht gegen ihn zu vollziehen, versteckte er ihn auf der Wartburg. Luther hat ihm seine lebensrettende Solidarität nicht immer gedankt; 1523 machte er sich im Entwurf zu einer neuen Gottesdienstordnung öffentlich über die profitable Heiligenfrömmigkeit seines Landesherrn lustig

Luthers Landesherr, Kurfürst Friedrich der Weise (1463 – 1525). Gemälde von Lucas Cranach d. Ä., 1525

und schlug vor, die Wittenberger Allerheiligen-Schlosskirche, wo er seine zahllosen Reliquien gegen Geld zur Schau stellte, lieber *Allerteufeln*[68] zu nennen. Friedrich machte seinem Beinamen «der Weise» alle Ehre: Er blieb dem Reformator vorsichtig gewogen, verhinderte den drohenden Bürgerkrieg zwischen Luther-Anhängern und Romtreuen und hielt sich persönlich aus den religiösen Zwistigkeiten heraus; erst kurz vor seinem Tod ließ er sich das Abendmahl in beiden Gestalten (Brot und Wein) reichen und bekannte sich damit zur neuen Lehre.

Der Augustinerorden versuchte die Aufregung über Luthers Thesen aufzufangen, indem er dem umstrittenen Mitbruder auf dem im Frühjahr 1518 turnusmäßig in Heidelberg tagenden Ordenskapitel Gelegenheit gab, seine Kritik am Ablasswesen in einem mehr internen Rahmen zu diskutieren. Als Distriktsvikar spielte er hier ohnehin eine wichtige Rolle. Doch Luther, vom Kurfürsten mit einem Schutzbrief für die Reise ausgestattet und von seinen Mitbrüdern, von Gästen aus anderen Orden und den Mitgliedern der Heidelberger Theologischen Fakultät mit Spannung erwartet, ließ das Thema Ablass links liegen: *Ob etliche mich nun wohl einen Ketzer schelten, denen solche Wahrheit in der Kasse sehr schädlich ist, so achte ich doch solch Geplärre nicht groß; sintemal das niemand tut als etliche finstere Gehirne, die nie in die Bibel gerochen, die christlichen Lehrer nie gelesen, ihre eigenen Lehrer nie verstanden, sondern in ihren durchlöcherten und zerrissenen Schulmeinungen beinahe verwesen.* [69]

In seinem Sarkasmus konnte er gnadenlos sein. Lieber stellte er in einer fulminanten Disputation noch einmal sein Verhältnis zur gängigen Leistungsfrömmigkeit klar: *Nicht wer viel Werke tut, ist gerecht, sondern wer ohne Werk viel an Christus glaubt.* [70] Und er scharte Bundesgenossen um sich, um sein Projekt einer gründlichen Studienreform zu forcieren und über Wittenberg hinauszutragen. Die Einrichtung einer Griechisch- und einer Hebräisch-Professur sollte der Theologie einen frischen Zugang zur Heiligen Schrift ermöglichen. Auch der Ausbau des Lehrangebots in Rhetorik, Naturkunde und Mathematik entsprach humanistischen Forderungen.

Im Sommer kam ein einundzwanzigjähriges Wunderkind nach Wittenberg, ein gewisser Philipp Melanchthon, der schon mit zwölf in Heidelberg studiert und mit siebzehn seinen Magister gemacht hatte. Als gefeierter Griechisch-Lehrer und messerscharfer Denker verband er die Luther'schen Visionen mit humanistischer Gelehrsamkeit und brachte damit die reformatorischen Ideen in eine solide Systematik. Die nicht gerade überschwängliche, eher nüchterne Freundschaft der beiden Männer sollte bis zu Luthers Tod 28 Jahre später anhalten. In ihrer Persönlichkeit waren sie denkbar verschieden: Luther der stürmische Kraftmensch, der gern mit dem Kopf durch die Wand wollte, hitzig, reizbar, cholerisch, in seinen Attacken oft maßlos übertreibend – Melanchthon vorsichtig, stets auf Ausgleich bedacht, klug abwägend, aber auch ängstlich und risikoscheu. Ihre Motivation jedoch war dieselbe: der Traum von einer geläuterten, zum Ursprung zurückgeführten Kirche und die Liebe zur Bibel, die wieder alleiniger Maßstab christlicher Lehre werden sollte.

Der Mönch Luther war freilich zu eigenständig und auch zu konservativ, um sich von den Humanisten vereinnahmen zu lassen. Während sich die Philosophen an den Hochschulen von der traditionellen Übermacht der Theologie zu befreien suchten, plädierte er ganz altmodisch für eine christliche Philosophie. *Ich freilich glaube, daß ich dem Herrn diesen Gehorsam schulde, heftig gegen die Philosophie zu wettern und zur Hl. Schrift zu raten.*[71] Mit den Humanisten verband ihn nun wieder der Kampf gegen die Abhängigkeit der Theologen von Aristoteles, diesem *Gaukler, der mit der griechischen Maske so sehr die Kirche geäfft hat*[72].

Sein Auftritt in Heidelberg bot eine glänzende Auseinandersetzung mit Aristoteles, dem Philosophenpapst der Antike, den das 13. Jahrhundert auf dem Umweg über jüdische und arabische Gelehrte wiederentdeckt und in die scholastische Theologie integriert hatte, mit dem Ziel einer Synthese von heidnischem Wissen und christlichem Glauben. Unter seinen Bewunderern befand sich zu Luthers Missvergnügen der größte Theologe des Mittelalters, Thomas von Aquin, den er allerdings nicht gründlich genug studiert hatte und von dem er teils nur «Second-Hand-Kenntnisse»[73] besaß. Aristoteles gab der menschlichen Freiheit nach Luthers Einschätzung zu großen Raum, und er predigte eine Liebe zum Guten, in dem der Mensch zu sehr sich selbst finde und zu wenig den Anspruch Gottes. Aus Wittenberg konnte er jedenfalls stolz seinem gleichgesinnten Kollegen Johann Lang nach Erfurt berichten: *Unsere Theologie und Augustin machen unter Gottes Beistand gute Fortschritte und herrschen an unserer Universität. Aristoteles steigt nach und nach herab, neigt sich zum Untergang und ist ihm für ewig nahe.*[74]

«Des Papstes Gewalt ist nicht über der Schrift»: der Konflikt mit Rom (1518–1521)

Wäre zu diesem Zeitpunkt noch eine Versöhnung mit den Nutznießern des Ablassgeschäfts in der Hierarchie möglich gewesen? Im Mai 1518 hat Luther Papst Leo X. seine noch ungedruckten Erläuterungen zu den 95 Thesen geschickt[75], mit der treuherzigen Versicherung, nur gegen *Mißbräuche* habe er angehen wollen, keineswegs gegen *das Ansehen und die Gewalt der Schlüssel [die von Christus dem Petrus verliehenen Schlüssel des Himmelreiches] und des Papstes,* freilich auch mit dem dezenten Hinweis, das Recht zur akademischen Disputation über theologische Inhalte sei ihm *von der Gewalt Deiner Heiligkeit verliehen worden.*[76] – *Deshalb, allerheiligster Vater, falle ich Deiner Heiligkeit zu Füßen und ergebe mich Dir mit allem, was ich bin und habe. Mache lebendig, töte, rufe, widerrufe, billige, mißbillige, wie es Dir gefällt. Deine Stimme werde ich als die Stimme Christi anerkennen, der in Dir regiert und redet. Wenn ich den Tod verdient habe, so werde ich mich nicht weigern zu sterben.*[77]

Schon in den Erläuterungen zu den 95 Thesen hat er in einer Mischung aus Sendungsbewusstsein und demütigem Realismus festgestellt: *Die Kirche bedarf einer Erneuerung, und das geht nicht bloß den Papst oder die vielen Kardinäle an, […] sondern alle Welt oder vielmehr: Gott allein. Aber den Zeitpunkt der Erneuerung kennt der allein, der alle Zeit geschaffen hat.*[78]

Doch da hat bereits ein vatikanischer Finanzbeamter – kein Theologe, kein Bischof, Rom sorgt sich offenbar allein um den Profit aus dem Ablassgeschäft! – beim Papst den Ketzerprozess gegen Martin Luther verlangt. Gelangweilt beauftragt Leo X. seinen Hoftheologen Silvester Mazzolini, genannt Prierias, einen Dominikaner, mit einem Gutachten, das dieser im Schnellverfahren binnen drei Tagen erstellt. Die römische Marschrichtung funktioniert wie gehabt: Wer die Ablasspraxis in Frage stellt, greift den allzuständigen Papst an und ist deshalb automatisch ein Ketzer. Am 7. August

Der Medici-Papst
Leo X. (1513–21).
Zeichnung von
Sebastiano del
Piombo, um 1520/21

1518 übermittelt der gerade in Augsburg weilende Kardinallegat Cajetan Professor Luther die Vorladung nach Rom.

Er hat eine mittlerweile vom Kurientheologen Prierias nachgereichte Streitschrift, «De potestate papae dialogus» (Gespräch über die päpstliche Gewalt), mitgebracht, die freilich massiv über das Ziel hinausschießt: Die Lehre des Papstes bezeichnet Prierias als «die unfehlbare Richtschnur des Glaubens, von der selbst die heilige Schrift ihre Kraft und Geltung hat»[79], und er zitiert aus dem kanonischen Recht, dem Papst sei sogar dann zu gehorchen, «wenn er solch ein Ärgernis erregen würde, dass er die Völker scharenweise mit sich […] dem Teufel in der Hölle zuführte»[80]. Das ist Papalismus in Reinkultur, die Gegenposition zum Konziliarismus, der die Macht des Papstes begrenzt und die Mitsprache der zum Konzil versammelten Bischöfe, Kardinäle, Theologen und, damals noch, politischen Repräsentanten in Glaubens- und Sittenfragen erweitert. Der Streit zwischen beiden Lagern ist in der Kirche noch lange nicht beendet, obwohl sich das V. Laterankonzil 1516 eben erst für die papalistische Version ausgesprochen hat.

Die Situation eskaliert. In seiner Erwiderung auf Prierias vertritt Luther zum ersten Mal die Ansicht, dass sowohl der Papst als auch ein Konzil irren können. Weil er weiß, dass ihm der Ausschluss aus der kirchlichen Gemeinschaft droht, merkt er schon einmal vorsorglich an, die Exkommunikation komme durch eine massiv sündhafte Haltung des Menschen zustande, nicht durch einen juristischen Akt kirchlicher Behörden. Die Kurie braucht den mächtigen sächsischen Kurfürsten für ihre Politik gegenüber dem Kaiser; deshalb lässt sie sich den Verzicht auf die Vorladung abhandeln. Stattdessen wird es ein Verhör auf deutschem Boden geben, in Augsburg, wo Kardinal Cajetan ohnehin gerade als Legat des Papstes beim Reichstag weilt.

Die Begegnung zwischen Cajetan, einem der mächtigsten Männer der römischen Kirche, und Bruder Martin, der trotz aller Öffentlichkeitswirkung immer noch ein kleiner akademischer Lehrer an einer deutschen Provinzuniversität ist, findet vom 12. bis 14. Oktober 1518 in Augsburg statt, beginnt mit einem Missverständnis und endet in einer Tragödie.

Luther fiebert der einmaligen Gelegenheit entgegen, seinen theologischen Standpunkt mit einem intelligenten und einflussreichen Repräsentanten Roms zu diskutieren, einen Abgesandten des Papstes vom Glaubwürdigkeitsverlust zu überzeugen, den seine geliebte Kirche durch die Geschäftemacherei der Ablassprediger erleidet, Enttäuschungen mitzuteilen, Visionen zu entwickeln, vielleicht sogar Änderungen der gängigen Praxis in Gang zu bringen. Cajetan hingegen ist mit dem Auftrag nach Augsburg gekommen, das längst gefällte römische Urteil zu exekutieren, Luthers Widerruf entgegenzunehmen und ihm zugleich das Versprechen abzufordern, künftig keine derartigen «Irrtümer» mehr zu vertreten. Widerruf statt Diskussion.

Jacob de Vio aus Gaeta, genannt Thomas Cajetan (1469–1534), Kardinal und eine Zeitlang Ordensgeneral der Dominikaner, gilt heutigen Forschern als überragender Theologe und geschickter Diplomat. Sein Kommentar zur «Summa Theologiae» des Thomas von Aquin beeinflusste die Thomas-Interpretation bis ins 20. Jahrhundert. Obwohl Papalist und Verfechter der päpstlichen Unfehlbarkeit, vertrat er maßvolle Ansichten zum Ablass, konnte sich in Luthers Position hineinfühlen und kannte seine Schriften gut. Er hielt ihn offenbar für einen gefährlichen Aufrührer, der die Autorität des Papstes bedrohte, bezichtigte ihn aber nicht der Häresie.

Als Luther den hohen Herrn jedoch demütig bittet, ihn über seine Irrtümer zu belehren, macht Cajetan den Fehler, sich auf die inhaltliche Debatte einzulassen, die er doch vermeiden wollte. Vielleicht hat er sich auch nur verständnisvoll und gütig zeigen wollen, um dem Mönch den Wind aus den Segeln zu nehmen. Natürlich können sie sich nicht einigen. Der eine zitiert päpstliche Dokumente, der andere wirft ihnen vor, die Heilige Schrift zu verfälschen. Der eine beruft sich auf die Kirchenväter und die päpstliche Verfügungsmacht über den «Kirchenschatz», der andere beharrt darauf, *die Verdienste Christi* könnten *nicht Menschen übergeben werden*[81] und entscheidend für die Wirkung der göttlichen Gnade sei der persönliche Glaube.

Am nächsten Tag bringt Luther einen Notar und vier kaiserliche Räte mit, bekennt seine Kirchentreue, lehnt aber den geforderten Widerruf ab, solange er nicht angehört und widerlegt worden sei – am besten durch die illustren Universitäten Basel, Freiburg, Löwen oder Paris. Wenn wir Luthers empörtem Brief an den kurfürstlichen Sekretär Georg Spalatin – er war der Verbindungsmann zwischen Kurfürst und Mönch, mehr als 400 Briefe Luthers an Spalatin sind erhalten – glauben können, ist dem Kardinal irgendwann der Kragen geplatzt. *Und er ließ keine Erklärung oder Antwort zu, sondern überschüttete mich mit Worten und schrie. […] Fast zehnmal habe ich zur Antwort angesetzt; ebenso oft donnerte er wieder und herrschte allein. […] Ich ging fort, da er sagte: Gehe und kehre nicht mehr zurück, es sei denn, daß du widerrufen willst.*[82]

Hätte es eine Chance gegeben, das die Schätze der Tradition hütende Amt in Rom mit dem Charisma der Erneuerung in Wittenberg zu versöhnen und vielleicht gemeinsam die Bibel in ihrer Einfachheit und Frische wiederzuentdecken? Cajetan kann es sich nicht vorstellen. «Hoc est novam ecclesiam construere»[83], notiert er später schaudernd über die Ansichten des Deutschen: «Das heißt eine neue Kirche bauen.» Und Luther? Der wendet sich jetzt zum ersten Mal von sich aus an die Öffentlichkeit, indem er seine Version des Verhörs publiziert. Er will sich *an die Pariser [Universität] hängen*[84] und dann die Kurie *über ihre ganze unverschämte Frechheit und maßlose Unwissenheit belehren*[85].

Unwissend scheint man in Rom tatsächlich gewesen zu sein. Denn kaum hat Cajetan sein zorniges Gespräch mit Luther beendet, arbeitet er noch im November ein umfassendes päpstliches Dokument über den Ablass aus, das die Lücken und Schwachstellen schließen soll, die Luther in seinen kritischen Anfragen an eine finanzpolitisch perfekt organisierte, theologisch aber noch viel zu wenig durchdachte und lehramtlich noch nicht exakt definierte Praxis entdeckt hat.

Über Bruder Martin aber schwebt das Schwert der Exkommunikation. Cajetan hat den Kurfürsten unmissverständlich aufgefordert, den renitenten Mönch nach Rom auszuliefern oder des Landes zu verweisen. Martin Luther seinerseits will jetzt an ein noch einzuberufendes Konzil appellieren – obwohl er ja auch dessen Unfehlbarkeit bereits in Frage gestellt hat; aber mehr Verständnis für seine Beweggründe wird eine dem Papst nicht kritiklos unterworfene Kirchenversammlung gewiss aufbringen, denkt er wohl. Und in einem Konzil sei noch am ehesten gewährleistet, dass *des Papstes Gewalt nicht über noch wider, sondern für und unter der Schrift und göttlicher Wahrheit ist*[86].

Da kommt dem bedrängten Mönch unversehens die hohe Politik zu Hilfe – wie es ja immer wieder geschehen wird, dass die Sache der Reformation durch politische Interessen und Ränkespiele befördert, aufgehalten, umgedeutet, verwässert wird. Am 12. Januar 1519 stirbt Kaiser Maximilian I. Einer der Nachfolgekandidaten, auf jeden Fall aber eine zentrale Gestalt im Machtpoker ist Kurfürst Friedrich. Mit ihm darf es sich der Papst nicht verderben, wenn er Maximilians Enkel Karl von Spanien als Kaiser und eine dramatische Ausweitung der habsburgischen Dominanz verhindern will; Rom setzt auf den französischen König Franz I. als neue Führungsfigur des Heiligen Römischen Reiches Deutscher Nation.

Karl macht das Rennen, muss allerdings eine Menge Regierungskompetenzen an die ihn wählenden Kurfürsten und den Reichstag abtreten und allein bei den Fuggern mehr als 500 000 Gulden Kredit aufnehmen, um seine Wahlgeschenke finanzieren zu können. Papst Leo braucht Kurfürst Friedrich jetzt vielleicht noch mehr – als Widerpart zum ungeliebten, wenn auch treu ergebenen katholischen Habsburgerkaiser. Also legt er den Ketzerprozess gegen Friedrichs Landeskind Martin Luther für zwanzig Monate auf Eis, schickt dem Kurfürsten als Geste seines Respekts die begehrte goldene «Tugendrose» und erklärt Friedrichs un-

Karl V. (1500–58) wurde schon mit neunzehn Jahren Kaiser. Als dieses Gemälde des Bernaert van Orley entstand, kurz vor dem Wormser Reichstag, war er zwanzig.

eheliche Kinder großzügig für legitim. Dem eben noch wüst bekämpften Bruder Martin lässt der Papst signalisieren, man sei in Rom über das viel zu hektisch erstellte Gutachten von Magister Prierias gar nicht glücklich und gern bereit, Luther zum Kardinal zu machen, wenn er eine versöhnliche Erklärung abgebe.

Tatsächlich scheint die Einigung einen Augenblick lang greifbar nahe. Im Gespräch mit dem etwas großsprecherisch und eigenmächtig auftretenden, aber mit weitgehenden Vollmachten ausgestatteten päpstlichen Kammerherrn Karl von Miltitz – einem gebürtigen Sachsen – erklärt sich Luther bereit, auf weitere Publikationen über den Ablass zu verzichten, wenn er selbst nicht mehr deshalb attackiert würde, und die Öffentlichkeit per Flugschrift zum Gehorsam gegen die Kirche aufzurufen. Dabei werde er zwar noch einmal an den *rechten Unterschied zwischen dem Ablaß und guten Werken* erinnern, aber auch bekennen, dass er *die Wahrheit allzu hitzig und vielleicht unzeitig an den Tag gebracht*[87] habe.

50

Natürlich hofft er darauf, dass sich nun Rom seinerseits von den Missbräuchen in der Ablasspraxis distanzieren wird. Für den Fall, dass der Ketzerprozess erneut aufgerollt wird, schlägt er die Erzbischöfe von Trier und Salzburg als neutrale Richter vor. Doch nun kommt ihm die päpstliche Präzisierung der Ablasslehre in die Quere, die Cajetan entworfen hat. Das Dokument unterstreicht die päpstliche Verfügungsgewalt über die Verdienste Christi und der Heiligen und sämtliche Sündenstrafen, bleibt die theologische Begründung aber erneut weithin schuldig. Luther bemüht sich stillzuhalten, versagt sich eine öffentliche Erwiderung und beschränkt sich auf Anspielungen in der lateinischen Vorrede zu seinem Galaterbrief-Kommentar[88].

> «Das ist der Grund, weshalb unsere Theologie gewiss ist: weil sie uns von uns selber wegreißt und uns außerhalb unserer selbst setzt – so, dass wir uns nicht stützen auf unsere Kräfte, unser Gewissen, unseren Sinn, unsere Person, unsere Werke, sondern vielmehr uns auf das stützen, was außerhalb von uns ist, nämlich auf die Zusage und Wahrheit Gottes, die nicht trügen kann.»
> «Großer Kommentar zum Galaterbrief»

Er will keine neue Kirche gründen, er erkennt die Kirche von Rom als *mater ecclesiarum* (Mutter der Kirchen), *domina mundi* (Herrin der Welt), *sponsa Christi* (Braut Christi) an[89], er respektiert das Papsttum als Garanten der Einheit – freilich nur als Institution menschlichen, nicht göttlichen Rechts. Doch immer mehr rückt in seinem Denken der unmittelbar vor Gott stehende Mensch in den Vordergrund, die persönliche Vertrauensbeziehung des Einzelnen zu Gott vor aller Vermittlung und Heilsgarantie durch die Kirche. Das macht aus dem mittelalterlichen Mönch Luther gleichzeitig den Pionier der Moderne mit ihrem ganz neuen Selbstverständnis des Menschen – und aus seinen theologisch gut begründeten, auf Paulus und Augustinus gestützten Anfragen an die römische Kirchenführung eine Bedrohung ihrer Existenz.

Vor allem der Ingolstädter Dominikanertheologe Johann Eck (1486–1543), sprachgewaltig, hoch gebildet, mit einem Elefantengedächtnis begabt und zu keinen Kompromissen bereit, macht Luthers Bereitschaft zur Versöhnung – sofern die tatsächlich vorhanden gewesen ist – zunichte. Im Sommer 1519 lockt er Luther bei einer aufsehenerregenden, wochenlang dauernden Disputation an der Universität Leipzig in eine Falle, indem er ihm Lehrsätze der Erzketzer Wyclif und Hus als Köder vorwirft: Die Autorität des Papstes sei im Lauf der Geschichte zustande gekommen und nicht im göttlichen Recht begründet.

Das meint auch Luther, wenn er dem Papsttum durchaus das Recht auf Gehorsam zuerkennt, aber darauf verweist, dass man zum Beispiel von den Christen im griechischen Kulturraum nie die Zustimmung zu einer solchen göttlichen Begründung des päpstlichen Primats verlangt habe – und flugs ist er selbst als Ketzer gebrandmarkt. Als er eine Leipziger Kirche betritt, bringen die Geistlichen eilends die Monstranz vor ihm in Sicherheit! Kein Wunder, dass er sich über die *tückische Heuchelei* seines Gegners ärgert und Eck spöttisch ein *Ruhmtierchen* und einen *Winkelgelehrten* nennt.[90]

Während die als Schiedsrichter avisierten Universitäten Paris und Erfurt schweigen – wohl aus Angst vor Rom –, verurteilen die Hochschulen Köln und Löwen Luthers Ansichten, ohne sie im Einzelnen zu erörtern. Vielleicht hätte sich der Entfremdungsprozess trotzdem noch stoppen lassen. Die Autorität von Konzilien und von Ketzerverurteilungen stellten damals viele Theologen in Frage, und Luthers Kritik an der «widerchristlichen Überfremdung» der Papstkirche durch «menschliche Hinzufügungen»[91] entzog dieser Kirche keineswegs die prinzipielle Anerkennung.

Aber beide Seiten sind schon viel zu sehr in Wut und Verbitterung befangen, um die im Nebel der Geschichte verborgenen Brücken noch finden, geschweige denn begehen zu können. Der Wittenberger hat begonnen, den Papst einen «Antichristen» zu nennen – was freilich zunächst nicht als Schimpfwort und moralisches Verdammungsurteil gemeint ist, sondern als nüchterne Zeitansage: Weil sich der Papst, von der Tradition nicht gedeckt, plötzlich zum alleinigen Heilsmittler stilisiert, ist die von der Schrift angekündigte Endzeit gekommen. Denn dem «Tag des Herrn», so hat es Paulus prophezeit, muss der große «Abfall von Gott» vorausgehen, personifiziert im «Widersacher», der sich «in den Tempel Gottes setzt und sich als Gott ausgibt» (2 Thess 2,3 f.). Was aber tut der Papst anderes, wenn er behauptet, dass es an ihm vorbei und ohne Unterwerfung unter seine Person keine Gnade gibt?

In diesem Kontext beginnt Luther zaghaft, fast erschrocken

zu fragen *–ich sage es Dir ins Ohr,* schreibt er an Spalatin –, *ob nicht etwa der Papst der Antichrist ist oder sein Apostel. So abscheulich (das ist die Wahrheit) wird von ihm durch seine Dekrete Christus entstellt und gekreuzigt.* [92] Was romtreue Katholiken bis heute empört und verletzt, ist nicht gegen das Petrusamt an sich gerichtet, sondern gegen Machtmissbrauch und Selbstüberschätzung des Papsttums in einer ganz bestimmten historischen Situation.

Aber auch in Rom wird der Ton heftiger: Eine Kommission der Kurie hat ursprünglich nur einzelne Ansichten des Augustiners verurteilen wollen, gestaffelt nach ihrem theologischen Gewicht. Doch die Scharfmacher um Professor Eck wollen ein Exempel statuieren. Auf der Wildschweinjagd im päpstlichen Schlosspark Magliana präsentiert Eck dem Heiligen Vater den Entwurf einer Bannandrohungsbulle, die einen Großteil von Luthers Schriften als Ketzerei verdammt und passenderweise mit den Worten beginnt: «Exsurge Domine, erhebe dich, Herr, und verschaffe deiner Sache Recht [...], denn ein wilder Eber ist in deinen Weinberg eingebrochen [...].» [93] Auf Kurfürst Friedrich und die delikaten politischen Verhältnisse in Deutschland meint man keine Rücksicht mehr nehmen zu müssen.

Ist jetzt alles verloren? Immerhin wird dem armen Sünder und seinen Anhängern eine Widerrufsfrist von sechzig Tagen eingeräumt. Nach Ablauf dieser zwei Monate sind dann allerdings sämtliche kirchlichen und weltlichen Obrigkeiten verpflichtet, den Ketzer gefangen zu setzen und nach Rom auszuliefern. Die Bulle ist eigenartigerweise nicht vom Papst unterschrieben – was später in Mainz zu einem Skandälchen führt: Der Henker, zuständig für die Verbrennung häretischer Bücher, weigert sich, den Scheiterhaufen anzuzünden, weil er an der Rechtmäßigkeit der römischen Anordnungen zweifelt. In Köln haben listige Studenten Luthers Schriften mit denen von Eck und anderen Gegnern vertauscht, und der Henker, des Lesens nicht mächtig, verbrennt die falschen Bücher.

Tragisch ist, dass man am päpstlichen Hof so wenig von Luthers Motivation begriffen hat. Die Bulle vom 15. Juni 1520, ein Lehrstück juristischer Begründung von Machtansprüchen, geht an seinen Argumenten völlig vorbei und bleibt die geforderte Widerlegung durch biblische und sachgerechte Belege schuldig. Die Kirche des verblühenden Mittelalters ist auf Luthers Fragestellungen schlicht nicht vorbereitet; sie ist sich über ihr eigenes Wesen noch nicht klar und auch nicht über das Verhältnis von Papst, Bischofskollegium und Konzil; sie hat den im 11. Jahrhundert vollzogenen Bruch mit den Kirchen des Ostens noch nicht verarbeitet und über das Wesen der Sakramente nur unzureichend nachgedacht.

Die bei der Saujagd entstandene Bulle «Exsurge Domine» schlägt die Tür zur Einigung endgültig zu – denn im selben Monat Juni hat Martin Luther die erste seiner berühmt gewordenen reformatorischen Programmschriften veröffentlicht: *An den christlichen Adel deutscher Nation von des christlichen Standes Besserung*[94], eine ungemein bissig formulierte Kampfansage an die römische Kurie, eine Abrechnung mit den Herrschaftsansprüchen des Papstes, ein vom Adel durchzuführendes Sofortprogramm zur Kirchenreform und – was man an den Herzogshöfen und in den Bürgerhäusern besonders gern liest – eine wortgewaltige Begründung, warum Laien und Priester vor Gott gleich sind: *Alle Christen sind wahrhaftig geistlichen Standes und ist unter ihnen kein Unterschied außer allein des Amts halber, […] denn die Taufe, Evangelium und Glauben, die machen allein geistlich und Christenvolk. Daß aber der Papst oder Bischof salbet, Platten macht [die Tonsur schneidet], ordiniert, weiht, sich anders als Laien kleidet, kann einen Gleißner und Ölgötzen machen, macht aber nimmermehr einen Christen oder geistlichen Menschen.*[95]

Hat nicht der Apostel Paulus gesagt, *daß wir allesamt ein Leib sind* (1 Kor 12,12)? Darf nach römischer Lehre nicht *in der Not ein jeglicher taufen und absolvieren?* Haben die Christen der Frühzeit nicht selbst *ihre Bischöfe und Priester aus der Menge* erwählt? *Denn was aus der Taufe gekrochen ist, das kann sich rühmen, daß es schon zum Priester, Bischof und Papst geweihet sei, obwohl es nicht einem jeglichen ziemt, solch Amt auszuüben.*[96]

Vom Adel und besonders vom Kaiser – *Gott hat uns ein junges, edles Blut zum Haupt gegeben und damit viel Herzen zu großer guter Hoffnung erweckt*[97] – erwartet sich Luther einen kräftigen Anstoß zur Reform der Kirche und vor allem, *daß ein rechtes, freies Konzil werde. Das vermag niemand so gut wie das weltliche Schwert […].*[98] Seine Forderungen klingen wie ein Widerhall der «Gravamina nationis germanicae», jener «Beschwerden deutscher Nation» über politische Einmischungen und finanzielle Forderungen der Kurie, die auf den Reichstagen immer wieder laut werden. Sie decken sich auch mit der Kritik der Humanisten am ungebildeten Klerus und an einer veräußerlichten Frömmigkeit. Luthers Reformprogramm reicht vom Luxus am päpstlichen Hof über die römische Stellenbesetzungspraxis bis zu Zölibatsgesetz und Wunderglauben. Die Kirche soll auf Besitz und weltliche Macht verzichten, um ihre innere Kraft und geistliche Autorität wiederzufinden.

Aber Luther ist radikaler als alle anderen. Er stellt *den rechten Glauben, Geist, Verständnis, Wort und Meinung Christi* bei vielen frommen Laien gegen den Papst, *der weder Glauben noch Geist hat,* er verteidigt den *Geist der Freiheit* mit *unserm gläubigen Verständnis der Schrift* gegen die *erdichteten Worte der Päpste* und fordert: *Denn wo der Papst wider die Schrift handelt, sind wir schuldig, der Schrift beizustehen, ihn zu strafen und zu zwingen [...].* [99]

Wenige Wochen später folgt der zweite Programmtext, *De captivitate Babylonica ecclesiae praeludium* [100] (Von der babylonischen Gefangenschaft der Kirche). Wie der lateinische Titel zeigt, ist die Schrift für die Gelehrtenwelt bestimmt, aber Luther rüttelt an jenen Fundamenten der Kirche, die für jeden einfachen Gläubigen in seiner alltäglichen Frömmigkeit erfahrbar sind: an den Sakramenten. Von den sieben herkömmlichen Sakramenten – Taufe, Firmung, Eucharistie/Abendmahl, Beichte, Eheschließung, Priesterweihe, Krankensalbung – lässt er nur noch zwei gelten, Taufe und Abendmahl, weil Christus laut Bibel nur diese beiden unmittelbar eingesetzt habe.

Die Eheschließung zum Beispiel sei ein allgemein menschlicher Lebensakt (an den er allerdings strenge Maßstäbe anlegt). Eine besondere Priesterweihe zerstöre die christliche Brüderlichkeit, denn alle hätten teil am Priestertum, dürften es aber nur aufgrund einer Bestellung durch die Gemeinde ausüben. Entscheidend ist wieder die ganz persönliche Glaubensgewissheit, nicht einfach der korrekt vollzogene Ritus. Weil das Sakrament *nicht den Priestern, sondern allen* gehört und *die Priester nicht Herren darüber, sondern Diener* sind [101], fordert Luther vehement das Abendmahl in beiderlei Gestalt – die Kelchkommunion – auch für Laien, weil Christus sein Blut für alle vergossen habe.

Mit dieser Schrift sorgt Martin Luther für ziemliche Irritationen; die Theologische Fakultät der Pariser Sorbonne vergleicht das Buch angewidert mit dem Koran. Der junge, theologisch stark interessierte König Heinrich VIII. von England, der später aus sehr egoistischen Motiven eine antirömische Nationalkirche gründen wird, schreibt eine flammende Erwiderung, die ihm den päpstlichen Ehrentitel «Defensor fidei» einbringt: «Verteidiger des Glaubens».

Von der Freiheit eines Christenmenschen[102] heißt der dritte Traktat, der mit dem Paradox beginnt: *Ein Christenmensch ist ein freier Herr über alle Dinge und niemand untertan. Ein Christenmensch ist ein dienstbarer Knecht aller Dinge und jedermann untertan.*[103] Anders ausgedrückt: Die herrliche Freiheit des glaubenden Menschen besteht darin, sich nicht durch eigene angestrengte Leistung erlösen zu müssen – aber er muss sich diese Freiheit auch nicht ständig zwanghaft selbst beweisen, er kann aus freier Entscheidung anderen dienen. Nicht von Leistung, sondern von Liebe lebt der Mensch.

Und jetzt breitet Bruder Martin zum ersten Mal für ein breites Publikum seine Rechtfertigungslehre aus: *Das ist die christliche Freiheit, der einzige Glaube, der da macht, nicht daß wir müßig gehen oder übel tun können, sondern daß wir keines Werkes bedürfen, zur Frömmigkeit und Seligkeit zu gelangen [...].*[104] Er präzisiert noch einmal: Natürlich tut ein rechter Christ gute Werke, denn der Glaube setzt ihn in Bewegung, motiviert ihn, mit anderen so liebevoll umzugehen, wie er es von Gott erfahren hat. Aber er wird nicht durch solche Werke zum Christen, er verdient sich damit nicht den Himmel, *er ist frei von allen Geboten und tut alles aus lauterer Freiheit umsonst, was er tut. Er sucht in nichts damit seinen Nutzen oder Seligkeit, denn er ist durch seinen Glauben und Gottes Gnade schon satt und selig, sondern nur, Gott darin zu gefallen.*[105]

Das heißt, wer sich eine religiöse Gewissheit mit Leistungen, Opfern, demonstrativen Handlungen verschaffen will, wird sie nie erreichen und zwischen Selbstgerechtigkeit und Versagensangst hin und her taumeln. Die Gewissheit, von Gott angenommen zu sein, liegt einzig und allein im Glauben. *Glaubst du, so hast du, glaubst du nicht, so hast du nicht.*[106] Glauben macht frei, in unvorstellbarem Ausmaß!

Was man schon daran sehen kann, dass Luther seine Freiheitsschrift ganz unbefangen an den Papst schickt, mit einem höflichen Begleitschreiben[107]: Hat er doch *Dir und Deinem römischen Stuhl aus allen meinen Kräften allezeit das Beste gewünscht […]. Ich habe wohl scharf angegriffen, doch im allgemeinen etliche unchristliche Lehre […]. Denn es hat ihn verdrossen, daß man unter Deinem Namen und der römischen Kirche Schein das arme Volk in aller Welt betrog und schädigte.[108] – Also komme ich nun, Heiliger Vater Leo, und bitte zu Deinen Füßen liegend: so es möglich ist, wollest Deine Hände daran legen, den Schmeichlern, die des Friedens Feinde sind und doch Frieden vorgeben, einen Zaum einzulegen. Daß ich aber meine Lehre widerrufen sollte, da wird nichts draus.[109]*

Kindlich fromm oder sagenhaft frech, wer will das beurteilen, baut der Mönch aus Wittenberg dem Papst eine letzte Brücke: Er braucht die Schuld an all den Peinlichkeiten und Missständen nur auf seine Behörden abzuwälzen und souverän einen neuen Anfang zu setzen. Was natürlich illusorisch ist. Seit Johannes Gutenberg vor rund siebzig Jahren den Buchdruck revolutioniert hat, kann ein Ketzer zum Medienstar werden. Ende 1520 haben Luthers rund achtzig Schriften und Schriftensammlungen bereits mehr als 600 Auflagen erreicht. Die Startauflage seiner Adelsschrift – 4000 Exemplare – war binnen fünf Tagen verkauft. Dank Luther vervielfacht sich die Flugblätterproduktion in einem einzigen Jahr um 530 Prozent. Sicher, es gibt noch zahllose Analphabeten, aber in den Städten und gebildeten Schichten wird der Mönch, der schreibt, was (fast) alle denken, gelesen und bewundert, zitiert und diskutiert wie ein neuer Paulus. Das ist nun tatsächlich eine Revolution: Verkündigung nicht mehr nur von der Kanzel herab, sondern mit publizistischen Mitteln.

Papst Leo kann gar nicht anders: Am 3. Januar 1521 schickt er die endgültige Bannbulle «Decet Romanum Pontificem»[110] (Es ziemt sich, dass der römische Bischof) in die Welt hinaus. Luther und seine Gesinnungsfreunde sind nun exkommuniziert und wie «gebannte und verfluchte Ketzer» zu behandeln, «damit die tödliche Krankheit die Herde nicht verpestet und der unverdorbene Teil vergiftet wird».[111]

Doch das Machtwort aus Rom zeigt nur, wie dramatisch sich die Welt verändert hat: Luthers britischer Vorläufer John Wyclif, gestorben 1384, ist nach seiner Verurteilung durch das Konstanzer Konzil 1415 aus dem Grab gezerrt worden, seine Gebeine hat

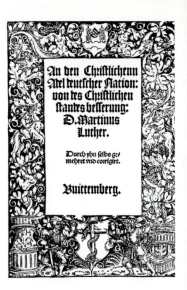

Titelblätter der drei großen reformatorischen Schriften Luthers aus dem Jahr 1520

man verbrannt und in einen Fluss geworfen. Luthers böhmischer Vorfahr Jan Hus starb im selben Jahr auf dem Scheiterhaufen, unbeirrt Hymnen singend. Martin Luther passiert hundert Jahre später gar nichts. Kaiser Karl sitzt irgendwo in Spanien und kann die Bannbulle nicht durchsetzen, Kurfürst Friedrich ist ein wachsamer Schutzpatron, und Luther kann ungestraft höhnen, in dem Schriftstück aus Rom werde *Christus selbst verdammt* und wieder einmal *keinerlei Grund und Ursache angegeben.*[112]

Martin Luther – das hat noch keiner gewagt – dreht den Spieß einfach um: Er, der kleine deutsche Professor, exkommuniziert seinerseits den Papst. In den beiden Schriften *Adversus execrabilem Antichristi bullam* (Wider die fluchwürdige Bulle des Antichrist) und, für die ungelehrten Leser, *Wider die Bulle des Antichrist* kommt er zum Schluss, *der Papst sei Gottes Feind, Christi Verfolger, der Christenheit Verstörer, und der rechte Endchrist*[113].

Schon im Dezember 1520, die Widerrufsfrist war gerade abgelaufen, haben Wittenberger Studenten vor dem Elstertor – aufgefordert von Professor Melanchthon – die päpstlichen Kirchenrechtssammlungen auf den Scheiterhaufen geworfen. Am Rande der ausgelassen tobenden Menge stand, fast unbemerkt, Martin

Luther und übergab den Flammen ein Exemplar der Bannandrohungsbulle «Exsurge Domine». In einem von Empörung vibrierenden Statement[114] begründet er das Fanal später, dies solle *ein Anfang des Ernsts sein. Denn bisher habe ich mit des Papsts Sache doch nur gescherzt und gespielt. [...] Dürfen sie meine Artikel, in denen mehr Evangelium und wahrer heiliger Schrift drinnen ist [...] als in allen Papstbüchern, verbrennen, so verbrenn ich mit mehr Recht ihre unchristlichen Rechtsbücher, drinnen nichts Gutes ist.*[115]

Nach geltendem Recht hätte der Kaiser den von Rom Gebannten umgehend mit der Reichsacht belegen müssen. Doch seit Karls Wahl ist alles anders: Die Reichsstände wollen mitreden, die weitgehend arbeitslos gewordene und deshalb besonders revolutionswütige Reichsritterschaft droht mit einem Aufstand, der mächtige Kurfürst Friedrich fordert unentwegt ein akademisches Schiedsgericht. Karl V., blutjung, unsicher und aufs tiefste besorgt um die Einheit von Kirche und Reich, versucht es allen recht zu machen: In einem respektvoll formulierten Brief lädt er den «ehrsamen, lieben, andächtigen»[116] Wittenberger ein, vor dem Reichstag zu Worms Auskunft über seine Schriften zu geben, und verspricht freies Geleit nicht nur für die Hin-, sondern auch für die Rückreise.

Luther stimmt freudig zu, obwohl es Warnungen gibt, ein Scheiterhaufen lasse sich auch in Worms aufrichten. Er begreift sofort: Das wird kein abschließendes Gericht über seine Sache, sondern die beste Gelegenheit, vor aller Welt für sie zu werben. Seine zweiwöchige Reise gleicht einem Triumphzug. Überall bitten ihn begeisterte Menschen zu predigen, in Worms verkünden Trompeten vom Dom seine Ankunft.

Am 17. April 1521 vollzieht sich im Bischofshof, wo der Kaiser Quartier genommen hat, ein Auftritt, wie ihn die mittelalterliche Welt noch nicht gesehen hat: Ein vom Papst aus der Christenheit und der anständigen Gesellschaft ausgestoßener Ketzer wird vom Herold des Kaisers vor den Reichstag geführt, um vor dem mächtigsten Monarchen der Erde und den Repräsentanten des Reiches Rechenschaft über seine Ideen zu geben. Es kommt zwar wieder zu keiner Debatte; Luther soll lediglich erklären, ob er sich zu seinen auf einem Tisch aufgereihten Schriften bekenne und ob er bereit sei, ihren Inhalt zu widerrufen. Das irritiert ihn, in der Einladung des Kaisers ist von einem Widerruf keine Rede gewesen, aber er weiß, viele der hier Versammelten stehen auf seiner Seite. Schüchtern bittet er um einen Tag Bedenkzeit. In seiner Herberge bei den Johannitern, wo er ständig Besuch bekommt und von vielen Adligen in seiner Haltung bestärkt wird, schreibt er an den Wiener Humanisten Johann Cuspinian, er werde *auch nicht einen Buchstaben widerrufen, wenn Christus mir gnädig ist*[117].

Am folgenden Tag ist er besser vorbereitet, souverän hebelt er die Forderung nach Widerruf aus, indem er seine Bücher in unterschiedliche Gattungen einteilt: Seinen frommen, einfach formulierten Schriften über Glaubensdinge könne er nicht abschwören, weil sie sogar von seinen Gegnern als aufbauend und lesenswert anerkannt würden. Auch die zweite Gruppe, die Schriften gegen das Papsttum, vermöge er nicht zu widerrufen, weil sie allgemeine Klagen über Gewissensunterdrückung und finanzielle Bereicherung wiedergäben und weil sogar das Kirchenrecht die Ablehnung päpstlicher Gesetze und Lehren erlaube, die dem Evangelium und den Kirchenvätern entgegenstünden. Und drittens: In seinen Auseinandersetzungen mit theologischen Gegnern und Verteidigern der römischen Missstände möge er bisweilen zu heftig agiert haben; widerrufen könne er auch hier nicht, ohne die evangeliumsfeindliche Tyrannei zu bestätigen. Wenn er allerdings durch Beweise aus der Heiligen Schrift widerlegt würde, sei er bereit, seine Bücher sogleich selbst zu verbrennen.

Doch auch jetzt will sich niemand auf die geforderte Sachdebatte einlassen; sie hätte eine weitere Aufwertung des Ketzers bedeutet. Was durch ein römisches Urteil entschieden sei, lässt der Kaiser durch seinen Sprecher – den Leiter des kirchlichen Gerichtshofs in Trier – verlauten, das sei weder zu hinterfragen noch zu diskutieren. Noch einmal die klare Frage an Luther, ob er widerrufen wolle. Seine Antwort: *Wenn ich nicht durch das Zeugnis der Schrift oder vernünftige Gründe widerlegt werde – denn dem Papst oder den Konzilien allein vermag ich nicht zu glauben, da feststeht, dass sie häufig geirrt und sich selbst widersprochen haben –, so bin ich durch die von mir angeführten Schriftworte überwunden, und mein Gewissen ist durch Gottes Worte gefangen. Und deshalb kann und will ich nichts widerrufen, weil es unsicher ist und die Seligkeit bedroht, gegen das Gewissen zu handeln. Gott helfe mir. Amen.*[118]

Die legendäre Schlussformel: «Hier stehe ich, ich kann nicht anders» ist in den Reichstagsakten nicht überliefert. Martin Luther beruft sich zwar auf sein Gewissen, aber auf ein von Gott und der Bibel «gefangenes» Gewissen, nicht auf ein autonomes Ich. Luther gehört zum verklingenden Mittelalter, nicht zur Aufklärung, da gehört das Gewissen entweder Gott oder dem Teufel, niemals dem Menschen selbst. Neu ist die Radikalität, mit der er das Gewissen an die Heilige Schrift bindet statt an äußere Instanzen wie Papst und Konzil. Das individuelle Verhältnis zwischen Mensch und Gott relativiert die Autoritäten. Neu ist der Respekt vor Vernunftgründen.

Der Kaiser mag geahnt haben, dass damit die Axt an die Wurzeln des herrschenden Werte- und Ordnungssystems gelegt war. Schon am folgenden Tag lässt er vor den versammelten Großen des Reiches eine etwas pathetische Erklärung verlesen, deren Originalhandschrift – auf Französisch! Karl sprach sehr schlecht Deutsch – in London erhalten ist: Wie seine Vorfahren sei er gewillt, ein treuer Sohn der römischen Kirche zu bleiben. «Denn es ist gewiß, daß ein einziger Bruder irrt, dessen Meinung gegen die der gesamten, über tausend Jahre alten Christenheit steht [...]. Deshalb bin ich ganz und gar entschlossen, hierfür meine Reiche und

Herrschaften, meine Freunde, Leib und Blut, Leben und Seele einzusetzen. […] Und nachdem ich die Antwort Luthers gehört habe, die er gestern in unser aller Gegenwart gab, erkläre ich Euch, daß ich bereue, so lange das Vorgehen gegen Luther und seine falsche Lehre aufgeschoben zu haben, und daß ich entschlossen bin, ihn nicht weiter anzuhören. Sondern ich beabsichtige, […] gegen ihn als gegen einen offenkundigen Ketzer vorzugehen […].»[119]

Die selbstbewusst gewordenen Reichsstände aber spielen nicht mit. Sie beginnen mit Luther zu verhandeln, ein Teilwiderruf genau umgrenzter Lehrsätze wird vorgeschlagen, die Einsetzung eines adligen Schiedsgerichts erwogen. Oder soll man nicht überhaupt das nächste Konzil abwarten? Zum Glück – aus kaiserlicher Sicht – lehnt Luther alle Kompromisse ab. Den Reichsständen bleibt nichts anderes übrig, als der Verhängung der Reichsacht zuzustimmen, die schließlich am 8. Mai im «Wormser Edikt»[120], entworfen vom päpstlichen Nuntius und unterschrieben von Karl V., ausgesprochen wird: Allen kaiserlichen Untertanen wird befohlen, «daß Ihr […] den vorgemeldeten Luther nicht in Euer Haus noch Hof aufnehmet, speiset, tränket noch unterhaltet», sondern «daß Ihr, wo Ihr ihn alsdann bekommen und ergreifen könnt und dazu fähig seid, ihn gefangennehmet und uns wohl verwahrt zusendet». Auch Luthers Verwandte, Anhänger und Gönner soll man fangen und enteignen; seine Schriften darf keiner mehr kaufen, lesen, abschreiben und drucken, die vorhandenen Exemplare soll man «zerreißen und mit öffentlichem Feuer verbrennen».[121]

Martin Luther gilt ab sofort überall als vogelfrei – nur nicht in seiner Heimat Sachsen. Der Kaiser hat nicht gewagt, Luthers Schutzpatron Friedrich das Edikt zuzustellen. Was nicht so schlimm gewesen wäre, denn zu diesem Zeitpunkt befindet sich der Ketzer bereits in sicherer Obhut auf der Wartburg.

Auf der Rückreise von Worms nach Wittenberg, in einem Hohlweg nahe Burg Altenstein, haben bewaffnete Reiter den kleinen Trupp überfallen, Luthers Begleiter in die Flucht geschlagen, ihn selbst auf ein Pferd gezerrt und auf endlosen Umwegen auf die Wartburg gebracht. Angeblich ist er selbst erst am Tag zuvor über den Coup informiert worden. Die wenigen Mitwisser halten dicht, Doktor Martinus verwandelt sich mit gepflegtem Bart, schulterlangen Haaren und modisch ritterlicher Kleidung in «Junker Jörg», in der Öffentlichkeit trauert man über den viel zu früh aus dem Leben gerissenen Kirchenreformer und schimpft über den Bruch des sicheren Geleits durch eine kaiserliche Bande – und Kurfürst Friedrich, der das alles inszeniert hat, lacht sich ins Fäustchen.

Besonders glücklich ist «Junker Jörg» nicht in seinem Exil hoch über den Thüringer Wäldern. Er fühlt sich vereinsamt, abgeschnitten von dem aufregenden Geschehen draußen; der regelmäßige klösterliche Tagesablauf mit Stundengebet und brüderlichen Gesprächen fehlt ihm, aber auch die Bewegung; er sucht Trost im Bier und ausgiebigen Essen und wird fett; sein Verstopfungsleiden meldet sich wieder stärker und provoziert, wie der Psychologe vermutet, die «dämonologische Beschäftigung mit den unteren Körperpartien»[122] samt drückender Melancholie und Teufelshalluzinationen. *Ich sitze hier den ganzen Tag müßig und mit schwerem Kopfe*[123], schreibt er an Melanchthon.

Müßig? In den nur zehn Monaten seines Wartburg-Aufenthalts stellt «Junker Jörg» etliche vor der Reise liegengelassene Vorlesungsskripte fertig, schaltet sich – als allmählich durchsickert, dass er noch am Leben ist – mit Streitschriften in die theologische Diskussion ein, übersetzt und kommentiert das jetzt aus Paris eingetroffene Verdammungsurteil der Sorbonne, das exakt 103 Sätze aus seinen Büchern betrifft, und schafft mit seiner Übersetzung des Neuen Testaments aus dem griechischen Urtext so nebenbei zum ersten Mal eine gemeinsame deutsche Sprache.

Martin Luther habe einen neuen Papst erschaffen, spottete man damals, nicht aus Fleisch und Blut, sondern aus Papier: die deutsche Bibel. Das Projekt ergibt sich folgerichtig aus seiner zentralen Idee von der innigen, unmittelbaren Beziehung zwischen Mensch und Gott: Jeder Laie soll Gottes Wort lesen können, ohne amtliche Vermittler und mühsam zu findende Übersetzungshilfen. Das Deutungsmonopol des Klerus ist damit gebrochen.

Luther ist – wieder einmal – nicht der Erste mit solchen Visionen. Seine Bibelübersetzung ins Deutsche ist die neunzehnte, allerdings die erste, die nicht einseitig den süddeutschen oder niederdeutschen Sprachraum bedient, sondern die überall verständliche thüringisch-sächsische Kanzleisprache zur Grundlage hat. Und auch Luther fängt nicht bei null an. Auf seinem Arbeitstisch in der Wartburg liegen neben dem von Erasmus von Rotterdam herausgegebenen griechischen Urtext die gute alte lateinische Vulgata (auf die sich die Übersetzer bisher ausschließlich gestützt haben und die nicht immer fehlerfrei ist) und eine zweite lateinische Übersetzung, die wieder von Erasmus stammt. Anders hätte er die Riesenarbeit in gerade einmal elf Wochen nicht geschafft, zumal sein Griechisch nicht perfekt ist.

Ein Jahrhundertbuch wird die Bibelübersetzung trotzdem – weil sie von einem Sprachgenie stammt, das mit traumwandlerischer Sicherheit die richtigen Worte findet, bildhaft, plastisch, packend, poetisch, zeitlos. «Begabt mit einer Sprache, die sich jeder Aufgabe anschmiegt, der Zartheit der Weihnachtsgeschichte wie den Schrecken der Apokalypse, arbeitet er nicht nach Regeln, sondern nach inneren Gesetzen. [...] Er hört und sieht die heilige Geschichte wie gegenwärtig und gibt ihren Klang so weiter, daß auch der stille Leser sie als lebendig gesprochenes Wort hört. Durch Satzgliederung und sinnvolle Zeichensetzung macht er aus der Bibel ein Buch zum Hören, nicht nur zum Lesen.» [124]

Was nicht nur am treffsicheren Einsatz von Rhythmus und Stabreim liegt, am fast schon musikalischen Umgang mit Vokalen, am Verzicht auf Fremdwörter und an Luthers Bemühen, sich verständlich auszudrücken: *Denn man muß nicht die Buchstaben in der lateinischen Sprache fragen, wie man deutsch reden soll [...]; sondern man muß die Mutter im Hause, die Kinder auf der Gasse, den einfachen Mann auf dem Markt danach fragen, und denselben auf das Maul sehen, wie sie reden, und danach übersetzen, so verstehen sie es denn, und merken, daß man deutsch mit ihnen redet.* [125]

Nächstenliebe, Herzenslust, Ebenbild, Morgenland, Blutgeld, Judaslohn, Feuertaufe, kleingläubig, friedfertig, wetterwendisch, lichterloh ... Hochmut kommt vor dem Fall ... Wer andern eine Grube gräbt, fällt selbst hinein ...: tausend Sprachbilder, die Luther erfand und die sich in den deutschen Umgangston eingegraben haben wie später nur noch die bezaubernden Märchenklänge der Brüder Grimm. Entscheidend für die beinahe suggestive Wirkung dieser Bibelübersetzung ist wohl der Mut, sich der zunächst einmal eher trockenen sächsischen Kanzleisprache zu bedienen, sie in unbefangener, sprudelnder Kreativität zu einem lebendigen,

Der Bibelübersetzer Martin Luther als «Hieronymus im Gehäus», damals ein beliebtes Bildmotiv bei der Darstellung frommer Gelehrter. Kupferstich von Wolfgang Stuber, Mitte des 16. Jahrhunderts

in allen Teilen Deutschlands verständlichen Neuhochdeutsch zu veredeln und damit ein neues nationales Selbstgefühl zu schaffen: Man muss nicht mehr Latein sprechen, um als gebildet zu gelten.

Das eigentliche Geheimnis hinter dem literarischen Erfolg aber wird kein Germanist erfassen. Martin Luther konnte der Heiligen Schrift ein so pulsierendes, erregendes, betörendes, bisweilen provozierendes Leben abgewinnen, weil er ein unerhört intimes, ja mystisches Verhältnis zu ihr hatte. Er las die Worte der Bibel, *als wären sie gestern geschrieben*[126] und allein an ihn gerichtet. In einer Predigt zum ersten Weihnachtstag wird er die schöne Prophezeiung des Jesaja: «Das Volk, das im Finstern wandelt, sieht ein großes Licht» (Jes 9,1), genau so auslegen: *Das ist ein recht güldenes Kapitel, darin der Prophet Christus mit trefflichen, herrlichen Worten abmalt, was er für eine Person und Herr sei, nämlich daß er mich und dich und alle, die an ihn glauben, trägt mit allen unsern Sünden, Jammer und Herzeleid.* [127]

Die Botschaft der Taufe Christi im Jordan? *Der Himmel tut sich auf, der zuvor geschlossen war, und wird nun über der Taufe Christi ein Tor und Fenster, daß man hineinsehen kann und fortan zwischen Gott und uns kein Unterschied mehr ist, sintemal Gott selbst sich da zum Jordan herunterläßt.* [128] Der Triumph des Auferstandenen an Ostern? *Den Teufel hat er in seinem eigenen Leibe erwürgt, den Tod in seinem eigenen Blut ersäuft, die Sünde in seiner Marter und Leiden ausgelöscht. [...] Und dieser Sieg soll mein sein, wenn ich nur an ihn glaube und ihn für die Person erkenne, welche mir und allen Gläubigen zugut solches ausgerichtet hat.* [129] Der Sinn der Herabkunft des Pfingstgeistes auf die furchtsame Jüngerschar? Weil *der Heilige Geist aus den mutlosen, verzagten und fliehenden Menschen eitel kühne Helden [...] macht,* gilt jedem Christenmenschen die Zusage: *Je fröhlicher du bist und je sicherer und fester dein Glaube im Herzen ist, desto näher ist dir der Heilige Geist [...].* [130]

«Existenzielle Bibelauslegung» wird man das ein paar Jahrhunderte später nennen, und noch die tapferen Straßenmissionare der Heilsarmee und der romkritische Katholik Eugen Drewermann leben vom Anstoß des «Junkers Jörg» auf der Wartburg. Dem seine innige Gläubigkeit zugleich die Freiheit gab, gängige Frömmigkeitsvorstellungen einer nüchternen Kritik zu unterziehen: Natürlich sei der Himmel nicht irgendwo über den Wolken in fernen Sphären zu finden. *Ist doch das Himmelreich auf Erden. [...] Die Christen sind zugleich im Reich Gottes und auf Erden [...]. Ach, kindisch und albern reden sie vom Himmel, auf daß sie Christo einen Ort droben im Himmel machen, wie der Storch ein Nest auf einem Baum, und wissen selbst nicht, was und wie sie reden.* [131]

Und Maria werde auf der Wanderung zu ihrer Base Elisabeth von den frommen Malern immer auf einem Esel reitend dargestellt. In den Evangelien stehe aber nichts von einem Esel. *Ich glaube, sie ging zu Fuß.* [132]

Ganz wie ein moderner Exeget wagt Luther auch den überlie-

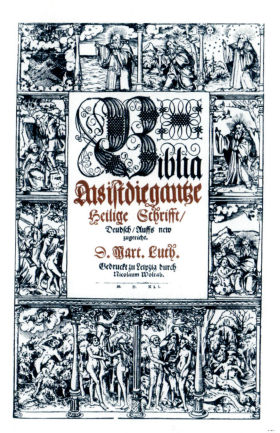

Titelblatt der 1541 in Leipzig erschienenen und von Lucas Cranach d. J. mit Holzschnitten illustrierten «Lutherbibel»

ferten Kanon der heiligen Bücher an ihrer inneren Mitte zu messen: an der Christusbotschaft und der paulinischen Lehre von der Erlösung allein durch Glauben. Er ordnet die neutestamentlichen Schriften neu nach ihrem theologischen Gewicht und schiebt den «Jakobusbrief» an den Rand, weil er das Verhältnis von Glaube und guten Werken anders akzentuiert als Paulus. Vor allem aber lädt er seine Mitchristen ein, die Bibel hoch zu achten und ihre Schätze täglich neu zu heben. *Ich habe nun seit etlichen Jahren die Bibel jährlich zweimal ausgelesen,* bekennt er als reifer Mann in seinen Tischreden, *und wenn die Bibel ein großer mächtiger Baum wäre und alle Worte die Ästlein, so habe ich alle Ästlein abgeklopft und wollte gerne wissen, was daran wäre und was sie trügen. Und allezeit habe ich noch ein paar Äpfel oder Birnen heruntergeklopft.*[133]

Auf der Leipziger Messe 1522 avanciert das Neue Testament in Luthers Übersetzung zum Bestseller; die Erstauflage – 3000 Exemplare – ist sofort ausverkauft. Dabei kostet schon die ungebundene Ausgabe einen halben Gulden; dafür kann ein Bauer zwei Pflüge kaufen, und eine Magd – sollte sie lesen können – müsste monatelang arbeiten, bis sie sich das Buch leisten könnte. Bis zu Luthers Tod werden die ganze Übersetzung oder Teile daraus mehr als 400 Mal neu aufgelegt. Jeder vierte oder dritte des Lesens mächtige Deutsche, so hat man ausgerechnet, muss das Buch besessen haben.

Zwölf Jahre später ist auch die Übersetzung der hebräischen Bibel, unter Christen etwas abfällig «Altes Testament» genannt, fertig. Sie ist in Teamarbeit entstanden, und noch in seinen späteren Jahren wird sich Luther regelmäßig vor dem Abendessen mit sachkundigen Kollegen treffen, um seine Übersetzung zu revidieren und zu verbessern. Er verlangt Respekt vor dem Buch, das keineswegs *dem jüdischen Volk allein gegeben und fortan zuende sei und nur von vergangenen Geschichten schreibe*[134]. Zum einen habe sich Gott dieses Volkes angenommen, *daß es sein eigen sein sollte, und er wollte ihr Gott sein*[135]. Zum anderen seien hier auch für Christen *eitel Worte, Werke, Gerichte und Geschichten der hohen göttlichen Majestät, Macht und Weisheit* zu finden. *Darum laß dein Meinen und Empfinden fahren und erachte diese Schrift als das allerhöchste, edelste Heiligtum, als die allerreichste Fundgrube, die nimmermehr genug ausgeschöpft werden kann, auf daß du die göttliche Weisheit finden mögest, welche Gott hier so einfältig und schlicht vorlegt, daß er allen Hochmut dämpfe.*[136]

> «Wir mühen uns jetzt ab, die Propheten ins Deutsche zu übersetzen. Lieber Gott, ein wie großes und beschwerliches Werk ist es, die hebräischen Schriftsteller zu zwingen, deutsch zu reden. Sie sträuben sich, wollen ihre hebräische Art nicht aufgeben und sich der deutschen Barbarei nicht fügen. Das ist so, als ob eine Nachtigall gezwungen würde, ihre überaus wohllautende Weise aufzugeben und den Kuckuck nachzuahmen, dessen eintönige Stimme sie verabscheut.»
>
> Luther an seinen Freund und Mitbruder im Augustinerorden Wenzeslaus Link

«Der Mensch wird gerecht durch den Glauben»: eine aufregend neue Theologie (1521–1525)

Während Martin Luther auf der Wartburg mit der Heiligen Schrift und den eigenen Depressionen kämpft, geht draußen in der Welt alles drunter und drüber. Die reformatorischen Ideen entfalten ihre Eigendynamik. Mönche und Nonnen verlassen scharenweise die Klöster. In den Pfarrkirchen, wo bisher Dutzende «stiller» Privatmessen an allen Seitenaltären gleichzeitig heruntergebetet wurden, bemüht man sich um einen würdigen Gottesdienst unter Beteiligung der ganzen Gemeinde. Die Kelchkommunion wird auch an Laien ausgeteilt. Entwicklungen, die Luther und dem mittlerweile todkranken Kurfürsten durchaus gefallen.

Doch schon melden sich die ungeduldigen Parteigänger, die ihren Mitchristen die neue Lehre und Praxis mit Gewalt aufzwingen wollen. Studenten und Bürger vertreiben Priester vom Altar der Wittenberger Stadtkirche. Luthers zeitweiser Weggefährte Andreas Karlstadt, ein ehrgeiziger Heißsporn, erfindet ziemlich überstürzt einen neuen Messritus, schafft die Priestergewänder ab, fordert gleich auch noch die sofortige Schließung der Wirtshäuser und Bordelle. Der Augustiner Gabriel Zwilling stürmt mit einer entfesselten Horde die Gotteshäuser, zertrümmert Heiligenstatuen, schleppt die Altarbilder davon.

In Wittenberg erscheinen etliche mystisch angehauchte Tuchweber aus Zwickau, die sogenannten «Zwickauer Propheten», die sich auf einen direkten Draht zum Heiligen Geist durch das «innere Wort» berufen, auf sämtliche Sakramente verzichten und neben den Gottlosen auch die Pfaffen aufhängen wollen. Der Wittenberger Magistrat versucht den Aufruhr durch eine neue Stadtordnung zu kanalisieren, die unter anderem die Umleitung der bisherigen Kircheneinnahmen in einen Sozialfonds für die Armen vorsieht, den «gemeinen Kasten».

Überall in Deutschland entsteht etwas, was man heute «Ge-

genöffentlichkeit» nennen würde. Predigten werden durch Zwischenrufe gestört, mitten in der Messe beginnt man deutsche Lieder zu singen. In Nürnberg setzt sich während des Gottesdienstes ein Luther-Anhänger in die letzte Bank und liest seinen Nachbarn laut aus den Schriften von Karlstadt vor. Nach der Messe diskutiert man auf dem Marktplatz die neuesten Nachrichten aus der Schweiz, wo der Priester Huldrych Zwingli in Zürich während der Fastenzeit ein öffentliches Wurstessen veranstaltet hat, und aus Süddeutschland, wo der ehemalige Regensburger Domprediger Balthasar Hubmaier gegen die Kindertaufe agitiert.

Die schöne Sache der Reformation mit persönlicher Gottesbeziehung, deutscher Bibel und allgemeinem Priestertum droht aus dem Ruder zu laufen. Die Stadtväter fürchten, dass der Kaiser Truppen schickt oder der Papst das Interdikt über Wittenberg verhängt, was empfindliche wirtschaftliche Einbußen bedeuten würde. Händeringend bitten sie «Junker Jörg», nach dem Rechten zu sehen.

Der brütet auf der Wartburg in trostloser Melancholie vor sich hin. Die Gespenster seiner alten Ängste und unerledigten Konflikte stehen wieder auf, allen voran der ewige Zwist mit dem Vater. Immer noch fühlt er sich unter dem Zwang, sich ihm gegenüber rechtfertigen zu müssen. Er widmet ihm die Schrift *De votis monasticis Martini Lutheri iudicium* (Über die Mönchsgelübde), eine ziemlich aggressive Abrechnung mit seinem Klosterleben, und erinnert den Vater an dessen wütenden Widerstand: *Aber damit Du Dich nicht rühmst: der Herr ist Dir zuvorgekommen und hat mich selbst herausgerissen! Was ist schon dabei, ob ich Kutte oder Tonsur trage oder nicht? […] Mein Gewissen ist frei geworden, das heißt aufs gründlichste frei. Daher bin ich zwar ein Mönch und bin es doch auch wieder nicht. Ich bin eine neue Kreatur, nicht des Papstes, sondern Christi.*[137]

Und als er in seiner Abgeschiedenheit hört, dass Kardinal Albrecht – dessen Ablassfeldzug vor vier Jahren Luthers 95 Thesen und damit die reformatorische Bewegung ausgelöst hat – in Halle seine Reliquiensammlung zeigt, um noch einmal Geld mit der Ablassgnade zu machen, da lässt er im Dezember 1521 das ganze Versteckspiel sein und macht seinem Herzen in einem wütenden Brief Luft: *Es hat Euer Kurfürstliche Gnaden zu Halle den Abgott wieder aufgerichtet, der die armen einfältigen Christen um Geld und Seele bringet*

[...]. Ist deshalb an E. K. F. G. meine untertänige Bitte, E. K. F. G. möge das arme Volk unverführt und unberaubt lassen, sich als einen Bischof, nicht als einen Wolf erzeigen. [...] Derselbe Gott lebt noch, da zweifle nur niemand daran, kann auch die Kunst, daß er einem Kardinal von Mainz widerstehe, wenn gleich vier Kaiser [die Hände] über ihn hielten. Er hat auch besondere Lust, die hohen Zedern zu brechen und die hochmütigen verstockten Pharaos zu demütigen. [...] E. K. F. G. denke nur nicht, daß Luther tot sei.[138] Und die Bischöfe sollen aufhören, jene Priester zu verfolgen, *die sich, um Unkeuschheit zu meiden, in den ehelichen Stand begeben haben [...]. E. K. F. G. sehe darauf: wird solches nicht abgestellt, wird sich ein Geschrei aus dem Evangelium erheben und sagen, wie fein es den Bischöfen anstände, [...] daß die Bischöfe zuvor ihre Huren von sich trieben, ehe sie fromme Eheweiber von ihren Ehemännern schieden. [...] Hierauf erbitte und erwarte ich E. K. F. G. richtige, schleunige Antwort innerhalb von vierzehn Tagen.*[139]

Die bekommt er tatsächlich. Ein erstaunlich demütiger Kirchenfürst teilt ihm mit, die Reliquienausstellung sei bereits geschlossen, «und will mich, ob Gott will, dergestalt halten, als einem frommen geistlichen Fürsten zustehet [...], wie ich denn ein armer sündiger Mensch bin, der sündigen und irren kann [...]; ich weiß wohl, daß ohne die Gnade Gottes nichts Guts an mir ist, und sowohl ein unnützer stinkender Kot bin, als irgendein ander, wo nicht mehr»[140].

Albrechts Erwiderung zeigt dreierlei: erstens, wie viel Einsicht und Selbstkritik es – neben aller Hybris – in der verkommenen spätmittelalterlichen Kirche gab; zweitens, wie hochemotional und pathetisch die Menschen damals formulierten – manche wüste Entgleisung in Luthers Briefen und Streitschriften erscheint da in einem milderen Licht; drittens, dass sich der Schwindel von Luthers schmählichem Tod nicht mehr aufrechterhalten ließ – und dass er ernstlich um Sicherheit und Leben fürchten musste.

Was ihn nicht davon abhielt, im März 1522 nach Wittenberg zurückzueilen – im Dezember hatte er sich dort bereits einige Tage inkognito aufgehalten – und den blindwütigen Umstürzlern in einer Serie von Predigten unmissverständlich die Leviten zu lesen: Aus der Freiheit des Evangeliums dürfe man kein neues Gesetz machen. Die Schwachen und Zaghaften hätten ein Recht darauf, behutsam an diese neue Freiheit herangeführt und nicht durch Zwang verschreckt zu werden. Die «Schwärmer», wie er sie nennt, welche die Kirche zu einer rein geistigen Wirklichkeit verflüchtigen, ganz rein und ideal, und ihr damit die Möglichkeit nehmen, die Ordnungen dieser Welt zu gestalten, sind ihm genauso wenig geheuer wie die Extremisten um Thomas Müntzer, deren stürmische Sehnsucht nach dem Gottesreich auf Erden in Blut und Gewalt zu gipfeln droht. In der Endzeit, in der man nach Luthers Überzeugung bereits lebt, geht es weniger um «Fortschritt», sondern darum, sich ganz auf Christus zu werfen und freudig dem kommenden Herrn entgegenzuziehen.

Thomas Müntzer (1490–1525), Lehrer und Hilfsprediger in Braunschweig, wurde von Luther auf eine Pfarrstelle in Zwickau vermittelt, agitierte in Prag, Nordhausen, Halle und Allstedt gegen machtversessene Kleriker und ausbeuterische Grundherren. Er propagierte nicht nur die innere Erleuchtung als Basis der Bibellektüre und – bereits vor Luther – den Gottesdienst in deutscher Sprache, sondern auch den urchristlichen Kommunismus und einen demokratischen Gottesstaat. Im Bauernkrieg wurde er endgültig zu Luthers radikalem Widerpart. Am 15. Mai 1525 führte er aufständische thüringische Bauern bei Frankenhausen gegen ein Fürstenheer in die Niederlage, wurde gefangen genommen, zwölf Tage lang gefoltert und hingerichtet.

Die Motive der Bilderstürmer, die in den Gemälden und Heiligenstatuen Götzen sehen, sind ihm nicht fremd, aber statt allen Schmuck aus den Kirchen zu werfen, gibt er den Künstlern eine neue Aufgabe: Das religiöse Bild wird vom Anbetungsgegenstand zum Medium von Information und Lehre. *Ich verwerfe die Bilder,* schreibt er seinem Freund, dem Zwickauer Pfarrer Nikolaus Hausmann, *nicht daß sie verbrannt werden sollen, sondern damit nicht das Vertrauen auf sie gesetzt wird [...].*[141]

Der Charismatiker Luther hat mit seinen zündenden Predigten Erfolg. Die Privatmessen bleiben zwar abgeschafft, und im Gottesdienst unterbleibt alles, was an eine kultische Opferhandlung erinnert, aber die Bilder und Lieder und die bunten Gewänder und sogar die lateinischen Messtexte kehren in die Kirchen zurück. Professor Karlstadt verzichtet enttäuscht auf Titel und Talar, geht als einfacher Pfarrer und Bauer nach Orlamünde, schart dort eine quicklebendige Laiengemeinde um sich, wird später aus Kursachsen ausgewiesen, gerät im Bauernkrieg hoffnungslos zwischen die Fronten und findet auf einer seiner vielen Fluchten

Bildersturm: Köpfe und Gliedmaßen dieser Pietà aus dem 14. Jahrhundert in der Dorfkirche von Hiltrup bei Münster wurden während der dortigen Täuferherrschaft 1534/35 zerstört.

bei Luther Unterschlupf, der den zum Gegner Gewordenen gerührt umarmt.

Der geächtete Wittenberger muss nicht nur um sein Leben fürchten, er hat sich auch ständig auf neue Situationen einzustellen. Seine Bewegung verselbständigt sich, die Kinder werden flügge. Und diese Kinder haben viele Väter, die alle ihren eigenen Kopf besitzen, eigene Akzente setzen, in freundschaftlicher Abstimmung mit Luther oder auch im harten Dauerkonflikt: Karlstadt und Melanchthon, Martin Bucer in Straßburg, Melchior Hoffmann in Estland und Holstein, Johannes Brenz, Andreas Osiander und Lazarus Spengler in Süddeutschland, Johannes Bugenhagen, Justus Jonas und Kaspar Cruciger in Wittenberg. Zwingli in Zürich schafft die Messe und das Orgelspiel ab, löst die Klöster auf und entwickelt eine Staatskirchenordnung, beginnend mit der Übernahme des kirchlichen Ehegerichts durch den städtischen Rat.

Revolutionäre wie Thomas Müntzer verbinden das religiöse Freiheitspathos mit dem Ruf nach sozialer und politischer Umwälzung: Befreiung der Bauern von feudaler Unterdrückung; Beteiligung von Händlern, Handwerkern, Arbeitern am Stadtregiment; statt der Volkskirche kleine Gemeinden der Reinen und Heiligen auf der Basis subjektiver, entschlossener Frömmigkeit. Müntzer findet zunehmend Gefallen daran, zur Gewalt aufzurufen: erst die weltliche Obrigkeit zur Verfolgung der Gottlosen, dann die Bauern zur Änderung der Herrschaftsstrukturen.[142]

Die politischen Verhältnisse, besser gesagt, die eigensüchtigen Interessen der Territorialherren und Stadtmagistrate verhindern eine schnelle, durchgreifende Kirchenreform nach Luthers Herzen. Martin Luther agiert verunsichert, enttäuscht, bisweilen bitter. In den Illustrationen zu seiner Bibelübersetzung trägt die «Hure Babylon» aus der Apokalypse die päpstliche Tiara – die auf politischen Protest hin nach wenigen Monaten zu einem schlichten Krönchen entschärft wird. Aber den ängstlichen Vordenker aller Humanisten, Erasmus von Rotterdam, fährt er an, man könne nicht jeden Aufruhr besänftigen, ohne zugleich *das Wort Gottes außer Kraft zu setzen und zu verbieten. [...] Du siehst nicht, daß sich diese Unruhen und Parteiungen infolge von Gottes Ratschluß und Wirken in der Welt ausbreiten, und fürchtest, daß der Himmel einstürzt. Ich aber, Gott sei Dank, sehe das gut, weil ich andere, größere Unruhen in der Zukunft sehe, mit denen verglichen jene wie das Säuseln eines leichten Luftzuges oder das Murmeln eines leisen Baches zu sein scheinen.*[143]

Manchmal äußert er Sehnsucht nach der Märtyrerkrone – *Aber was, wenn mich der Papst tötet oder mich in die äußerste Hölle verdammt? [...] O wenn wir doch [...] wert erachtet würden, von ihm verbrannt und getötet zu werden!*[144] –, aber das ist das Pathos der Zeit und zudem keine bloße Traumtänzerei. Denn tatsächlich sterben am 1. Juli 1523 auf dem Brüsseler Marktplatz die ersten Luther-Anhänger auf dem Scheiterhaufen, die Augustiner-Eremiten Heinrich Vos und Johannes van den Esschen aus Antwerpen.

Dass in Rom im Dezember 1521 Papst Leo gestorben ist und mit dem aus Utrecht stammenden strengen Asketen Hadrian VI. für siebzehn kurze Monate ein demütiger, schlichter, institutionskritischer Pontifex regiert, der Einzige, der die Beweggründe der Reformatoren versteht und ihren Zorn teilt und fähig wäre, eine Erneuerung der Kirche an Haupt und Gliedern zustande zu bringen – das registriert man kaum in Deutschland, genauso wenig wie sein Schuldbekenntnis, das er dem Nürnberger Reichstag 1523 durch seinen Legaten übermitteln lässt: Die Kirche sei krank, und diese Krankheit habe sich «vom Haupt auf die Glieder, von den Päpsten auf die Prälaten verpflanzt [...]. Wir alle, Prälaten und Geistliche, sind vom Wege des Rechts abgewichen, und es gab schon lange keinen einzigen, der Gutes tat. [...] Deshalb sollst du in unserem Namen versprechen, daß wir allen Fleiß anwenden wollen, damit zuerst der Römische Hof, von welchem vielleicht all diese Übel ihren Anfang genommen, gebessert werde.»[145] Denn kaum hat man begriffen, was diese Worte für die verlorene Einheit der Kirche bedeuten könnten, stirbt Hadrian am 14. September 1523. Sein Nachfolger wird wieder ein Medici, der uneheliche Sohn von Papst Leos Onkel, mehr Renaissancefürst als Seelsorger auf Petri Thron.

Je mehr Luther spürt, dass ihm die äußeren Wirkungen der Bewegung entgleiten und seine Freiheitsideen zum Spielball der Politik werden, umso stärker konzentriert er sich nun auf die innere Konsolidierung des Reformwerks: auf die Ordnung des Gemeindelebens, einen lebendigen Gottesdienst, der die Köpfe und Herzen der Kirchenbesucher erreicht, eine Seelsorge, die Bedürfnisse und Probleme der Gläubigen ernst nimmt.

Über all die Jahrhunderte ist Luther kaum als Gottesdienstreformer in Erinnerung geblieben – obwohl er die deutsche Sprache liturgiefähig macht, das gemeinsam gesungene Glaubensbekenntnis einführt, lockere Formen der Liturgie, *auf die Jugend zugeschnitten [...] und auf die Einfältigen, die freiwillig herzukommen*[146], vorschlägt und den Heiligenkalender entrümpelt –, sondern als Liederdichter.

Musik ist für ihn ein Gottesgeschenk, *nach Gottes Wort der höchste Schatz auf Erden. [...] Willst du einen Betrübten fröhlich machen, einen frechen wilden Menschen zähmen, dass er gelinde werde, einem Zaghaftigen Mut machen, einen Hoffärtigen demütigen und dergleichen, was kann besser dazu dienen denn diese hohe, teure, werte und edle Kunst.* Wer das erstaunliche Zusammenspiel der so unterschiedlichen Stimmen nicht als Wunderwerk Gottes erkennt, *der ist nicht wert, dass er ein Mensch heißt, und sollte nichts anderes hören, als wie der Esel schreit und wie die Sau grunzt.*[147]

So sehr hat er die Musik geschätzt, dass er nichts dabei fand, 1530 den stramm katholischen bayerischen Hofmusikus Ludwig Senfl um die mehrstimmige Vertonung eines Psalmtextes zu bitten, der zum Nachtgebet der Mönche gehört und den er über alles liebte: «Ich liege und schlafe ganz mit Frieden» (Ps 4,9).

Man hat darüber philosophiert, dass Luther das Bild in Glaubensdingen zwar zurückgedrängt und durch das Wort ersetzt, der Musik aber den Eintritt in das Innerste des Glaubenstempels gestattet habe. Darin liege kein Widerspruch, denn: «Während das Bild an den Rand rückt, weil es keine ausreichenden Umsetzungen (‹Transformationen›) des Wortes zuläßt, sondern es eher verfälscht, gehört die Musik, deren Figuren den Rhythmus der Sprache und die Spannkraft des Wortes einschließen und auszudrücken vermögen, in die Nähe der Kanzel.»[148]

Eine solche Funktion hatten viele der von Luther geschaffenen Kirchenlieder im Gottesdienst. Als vollwertige Bestandteile der Liturgie konnten sie die lateinischen Messtexte wie Gloria, Credo, Sanctus, Paternoster komplett ersetzen und damit der Gemeinde eine unmittelbare und aktive Teilnahme am gottesdienstlichen Geschehen ermöglichen. Seine Motivation erläutert er in der Vorrede zu seinem «Wittenberger Gesangbuch» von 1524 ungewöhnlich bescheiden: Er habe *zum guten Anfang und um denen Ursache zu geben, die es besser vermögen, etliche geistliche Lieder zusammengebracht, das heilige Evangelium, das jetzt durch Gottes Gnade wieder bekannt geworden ist, zu treiben und in Schwang zu bringen, daß auch wir uns rühmen möchten, […] daß Christus unser Lob und Gesang sei und daß wir nichts zu singen noch zu sagen wissen sollen als Jesus Christus, unsern Heiland*[149].

> **Die bekanntesten Kirchenlieder Martin Luthers:**
> «Nun komm, der Heiden Heiland»
> «Gelobet seist du, Jesu Christ»
> «Vom Himmel hoch, da komm ich her»
> «Christ lag in Todesbanden»
> «Nun bitten wir den Heiligen Geist»
> «Wir glauben all an einen Gott»
> «Mitten wir im Leben sind»
> «Ein feste Burg ist unser Gott»

Auch hier ist Martin Luther nicht der Erste. Aber keiner hat die Sehnsüchte der Zeit mit so wachem Gehör aufgenommen, so klug in die Praxis umgesetzt und damit so viel Zukunft eröffnet wie er. Die Gemeinde hat in den sogenannten Leisen – ein paar schlichte Liedverse mit abschließendem «Kyrieleis», in verballhorntem Griechisch: «Herr, erbarme dich» – schon länger am Gottesdienst partizipieren dürfen. Luther behält diese «Leisen» als Kopfstrophe bei, entfaltet die darin enthaltene Botschaft aber in mehreren angefügten Strophen in die Breite und erweitert so auch entscheidend die Funktion der Gemeinde, «die nun nicht mehr nur akklamiert, sondern selbst verkündigt»[150].

Luthers Lieder erschienen in manchen Fällen zunächst als Flugblätter, wurden in der Schule gesungen und von Bänkelsängern auf den Straßen verbreitet – und waren auch gar nicht immer für den Gottesdienst bestimmt. Der Grabgesang auf die Märtyrer von Brüssel, *Ein neues Lied wir heben an*[151], diente der Agitation und lehnte sich an die gereimte zeitgenössische Publizistik an. Das *Kinderlied auf die Weihnacht Christi*, erst 1535 in das «Wittenberger Gesangbuch» aufgenommen, war wohl für den volkstümlichen Brauch des «Kindelwiegens» oder für ein Krippenspiel gedacht und vielleicht sogar für Luthers damals bereits vielköpfige Familie geschrieben:

> *Vom Himmel hoch, da komm ich her,*
> *ich bring euch gute neue Mär,*
> *der guten Mär bring ich so viel,*
> *davon ich singen und sagen will.*
> *Euch ist ein Kindlein heut geborn*
> *von einer Jungfrau auserkorn,*
> *ein Kindelein so zart und fein,*
> *das soll eur Freud und Wonne sein.*[152]

Unbefangen macht der Liederdichter Luther Anleihen bei den «weltlichen» Themen und literarischen Gattungen seiner Zeit; sein *Lied von der heiligen christlichen Kirche* textet er im Stil einer höfischen Liebeserklärung:

> *Sie ist mir lieb, die werte Magd*
> *und kann ihr nicht vergessen,*
> *Lob, Ehr und Zucht von ihr man sagt,*
> *sie hat mein Herz besessen.*[153]

Doch er ist auch souverän genug, sich aus dem Schatz der alt-
kirchlichen Gesänge zu bedienen oder beliebte volkssprachliche
Lieder des Mittelalters umzuschreiben – und deren theologische
Aussagen damit auf den Punkt zu bringen. Aus dem ehrwürdigen
Hymnus «Te Deum laudamus», der auf Ambrosius von Mailand –
den Lehrer Augustins – zurückgehen soll, macht er ein *Herr,
Gott, dich loben wir*[154] für zwei Chöre, aus der Sequenz «Veni crea-
tor spiritus» das Sehnsuchtslied *Komm, Gott Schöpfer, Heiliger
Geist*[155], aus dem in unbeholfenen oberdeutschen Versen ver-
breiteten Prozessions-, Begräbnis- und Schlachtgesang «In Mittel
unsers Lebens Zeit im Tod seind wir umfangen» das klassisch
gewordene *Mitten wir im Leben sind mit dem Tod umfangen*[156]. So
kommt es, dass das deutsche evangelische Kirchenlied erheblich
vielgestaltiger und lebendiger klingt als etwa der Psalmengesang
der sich auf Johannes Calvin berufenden Kirchen.

Diese Lieder ergänzen nicht bloß die Wortverkündigung im
Gottesdienst, stellen nicht nur die Antwort der Gemeinde auf die
Predigt dar, sondern sind selbst Predigt, Verkündigung, Glaubens-
zeugnis – und zwar alles andere als dürre Lehrtexte, sondern
funkelnde Poesie. Ihr inhaltlicher Kern ist Luthers theologische
Botschaft – aber in der Gestalt leidenschaftlicher Christusfröm-
migkeit mit Jubel und Tränen.

Keine neue Kirche hat er schaffen wollen, der Reformator wider
Willen, sondern eine neue Gottesbeziehung. Einen unmittelbaren
Zugang des Herzens zu einem Gott, der ganz Leben, Energie und
Liebe ist und den man eher spüren, fühlen, lieben als mit Begriffen
definieren, mit Leistungen beeindrucken und mit Ritualen günstig
stimmen kann. Deshalb sind Luthers theologische – besser: geistliche, spirituelle – Ideen wichtiger und folgenreicher gewesen als
seine Experimente mit Kirchenordnungen, Amt und Liturgie.

Es ist nicht ganz einfach, aus den zahllosen Gelegenheits-
schriften, Vorlesungsmanuskripten, Bibelauslegungen, Trost-
briefen, Disputationsthesen, Polemiken, Tischreden, Predigtnach-
schriften dieser unentwegt Texte produzierenden Denkmaschine
namens Luther eine zentrale theologische Aussage herauszufil-
tern. Luther war ein schrecklich unsystematischer Mensch, eine
theologische «Summe» hat er später mehrmals zu schreiben

Das Schreibset aus grünglasierter Irdenware mit Tintenfass, Streusandschale und Ablage für Schreibfedern und Messer wurde im Wittenberger Lutherhaus ausgegraben. Gut möglich, dass es der Reformator selbst benutzt hat. Runde Schreibsets waren sehr selten, meist hatten sie die Form eines länglichen Kästchens.

begonnen, aber nie vollendet. Es war Melanchthon, der die weitverstreuten Grundideen und Kernbotschaften seines Freundes in ein System brachte – wobei er auf eine enge Vernetzung von Lehre und Praxis achtete und auch eigene Akzente setzte.

Will man Luthers gigantisches Schriftengebirge unter ein durchgehendes Leitmotiv stellen, so bietet sich als Erstes vielleicht der Begriff «Freiheit» an. Das spätmittelalterliche Denken kennt freilich keine bindungslose Freiheit. Gesetz und Evangelium, beides hält Luther für nötig, wenn auch auf einer unterschiedlichen Ebene, denn durch das Gesetz würden die Gottlosen vom Laster abgehalten, durch das Evangelium die Schwachen und Betrübten getröstet. In einem raffinierten Bild zeichnet er eine Mühle mit zwei Mühlsteinen: *Der obere Stein poltert und stößt; dieser ist das Gesetz, aber er ist von Gott recht gehängt, daß er nur treibt. Der untere Stein aber ist still und ruht, das ist das Evangelium. Unser Herrgott hat den Oberstein fein gehängt, daß er nicht ganz zerreibe und zermalme, sondern hat an beide, an den oberen und an den unteren Stein, Gnade gehängt.*[157]

Man könnte sich auch für das Grundmotiv «Vertrauen» entscheiden. Man vertraut keinem Dogma, keinem Buch oder Programm, sondern einer Person. Deshalb heißt die Antwort auf die Frage, was Christentum bedeute: *Von dem Mann Christus heiße ich ein Christ. Er heißt Christus, ich heiße ein Christ, nicht von meinem heiligen Leben, sondern deshalb, weil ich Christus in der Taufe angezogen habe und mir sein Name an meine Stirne geschrieben, ja in mein Herz gedrückt ist. [...] Dieser König kommt zu mir mit aller Sanftmut und Gnade und hilft mir von Sünden, Tod, Teufel und Hölle; auf den bin ich getauft, an den glaube ich, bei dem bleibe ich und sterbe so dahin. So entläuft man dem Tod und aus diesem Leben und kommt in das ewige Leben.*[158]

Die Folgerung daraus heißt, nicht mehr den eigenen Kräften und Talenten zu trauen, Bildung und Ansehen, Besitz und Macht, sondern Gott allein. ‹*Glauben*› *heißt aber nicht, bloß davon reden und die Worte erzählen, sondern sich von Herzen auf das Wort verlassen und [...] Menschen, Tod und Teufel trotzen und sagen: Wohlan, da steht die Verheißung, dabei bleibe ich und gebe daran Leib und Leben, Gut und Ehre und alles, was ich habe.*[159]

Luthers Gott ist weniger das höchste Sein, wie die Philosophen sagen, sondern die innigste Beziehung. Aus Liebe hat Gott die Welt geschaffen, aus lauter Güte gibt er den Menschen Vernunft und Sinne, Essen und Trinken, Partner und Kinder – auch wenn ein Bruch durch die Schöpfung geht und die Sünde die Beziehung zwischen Gott und Mensch gefährdet und belastet, auch wenn sich Gott bisweilen verbirgt und zu schweigen scheint. Der Mensch bleibt Gottes Ebenbild, sein Stellvertreter und Mandatsträger in der Welt.

Kein Gedanke mehr an den zornigen Gott, den Luther einmal so gefürchtet hat! *Denn dadurch, daß er seinen Sohn schickt, sagt er an, daß nicht Zorn sei zwischen mir und ihm, und kann mir nicht Feind sein.*[160] Voll unbändiger Freude verfällt er in den ungewohnten Tonfall eines Mystikers: *Wenn jemand Gott malen wollte, so [...] als eitel Liebe, als sei die göttliche Natur nichts denn ein offenes Feuer und Brunst solcher Liebe, die Himmel und Erde füllt. [...] Ibi eitel Backofen dilectionis.*[161] Auf Deutsch (in seinen Predigten mengt er gern lateinische Brocken darunter): «Gott ist ein glühender Backofen voller Liebe.»

Damals, als der junge Mönch Martin vergeblich um Zuwendung und Verzeihung seines zürnenden Vaters warb und auch den himmlischen Vater als finster und rachsüchtig wahrnahm, hat ihm wohl das Urvertrauen gefehlt. Jetzt aber sieht er die Bilder von Christus am Kreuz nicht mehr schaudernd als Dokumente eines Gottes, der blutige Sühne für die Schuld der Welt fordert –

wir haben es im Papsttum nicht verstanden, was damit gemeint ist[162] –, sondern als Ausdruck einer erschütternden Solidarität mit allem menschlichen Elend: *Mit ausgebreiteten Armen hängt er am Kreuz, um uns mit den bei Matthäus 11 zitierten Worten zuzurufen: Kommt her zu mir alle.*[163]

Um diese Gewissheit muss er immer wieder kämpfen. *Gebet, Meditation, Anfechtung* machen einen guten Theologen aus, und Letztere ist *der Prüfstein, der dich nicht allein wissen und verstehen lehrt, sondern auch erfahren, wie recht, wie wahrhaftig, wie süß, wie lieblich, wie mächtig, wie tröstlich Gottes Wort sei, Weisheit über alle Weisheit.*[164] Dann aber will er wieder überhaupt nichts mehr von Glaubenszweifeln, Skrupeln, intellektuellen Stolpersteinen wissen und schreibt impulsiv an Melanchthon: *Ich hasse ganz außerordentlich Deine elenden Sorgen, von denen Du, wie Du schreibst, verzehrt wirst, und daß sie so in Deinem Herzen herrschen. Das liegt nicht an der Größe der Sache, sondern an der Größe unseres Unglaubens. […] Was kann denn der Teufel mehr tun, als daß er uns töte! Was mehr? […] Der unser Vater geworden ist, wird es auch für unsere Kinder sein. Ich bete gewiß fleißig für Dich und es tut mir leid, daß Du unverbesserlicher Sorgen-Blutegel meine Gebete so vergeblich machst.*[165]

Die bekannteste Formel für Luthers theologische Grundmotive – man kann sie sich so gut merken – ist immer noch die mit den drei oder vier «sola»: solus Christus, sola gratia, sola scriptura. Allein Christus, allein aus Gnade, allein die Schrift. Häufig stellt man noch einen vierten Begriff dazu, sola fide: allein aus Glauben.

Solus Christus, allein Christus: Gegen die stark institutionalisierte Vermittlung von Gotteserkenntnis und Heil, die den kirchlichen Ämtern und Sakramenten eine quasi göttliche Funktion zuschreibt, aber auch gegen den Individualismus spätmittelalterlicher Philosophenschulen und frühneuzeitlicher Humanisten setzt Martin Luther eine Christozentrik, die sich mit dem modernen Begriff Personalismus beschreiben lässt. Die Menschwerdung Gottes in Jesus Christus ist der Schlüssel zur ganzen Theologie und die einzige Möglichkeit, Gott unmittelbar zu erfahren. In Jesus Christus zeigt Gott sein menschliches Gesicht, wird Gott berührbar, nimmt Gott den schuldig gewordenen, Gott entfremdeten Menschen in seine Arme.

Glaube ist bei Luther keine Sache korrekter dogmatischer

Die Predella des Altars von Lucas Cranach d. Ä. in der Wittenberger Stadtkirche (1547–52) zeigt nicht nur rechts den predigenden Reformator und links seine Familie (Luthers Sohn Hans lehnt sich an das Knie seiner Mutter), sondern Luthers ganze Theologie. Der Glaube an den gekreuzigten Christus rechtfertigt ohne Vermittlungsinstanzen. Der Wittenberger Hofmaler Cranach hatte in seiner traditionell geprägten Ikonographie mit solchen Themen, die das radikal Neue der Reformation ins Bild setzen sollten, durchaus Schwierigkeiten.

Definitionen – einen solchen Glauben ohne Lust und Liebe bescheinigt er auch den Teufeln –, sondern die Frucht einer existenziellen Überzeugung: Für mich ist Christus geboren, gestorben, auferstanden, ich kann zu ihm in Beziehung treten, und dieser Glaube rettet, erlöst, befreit. An Christus erkennen wir Gottes Wesen, *nämlich wie er sich uns ganz und gar ausgeschüttet und nichts behalten hat, das er uns nicht gegeben habe.* Christus *hat uns arme verlorne Menschen aus der Hölle Rache gerissen, gewonnen, frei gemacht und wiedergebracht in des Vaters Huld und Gnade [...].*[166] Und die könnten wir niemals begreifen ohne *Christus, der ein Spiegel des väterlichen Herzens ist, außer welchem wir nichts sehen als einen zornigen und schrecklichen Richter*[167].

Luthers Christologie gibt der altehrwürdigen «Zwei-Naturen-Lehre» einen pointierten Sinn: Gott teilt den Menschen in Jesus Christus die Attribute der göttlichen Natur mit – Herrlichkeit, Leben, Allmacht, Allgegenwart – und partizipiert zugleich auf erstaunliche Weise an der Beschränktheit der Menschennatur. Gott hebt den Menschen zu sich empor und entäußert sich gleichzeitig in der Menschwerdung und im Kreuzestod Jesu, der unsere Sünden getragen und uns dafür seine Gerechtigkeit geschenkt hat. Luther denkt den Gedanken konsequent zu Ende: Nicht dass

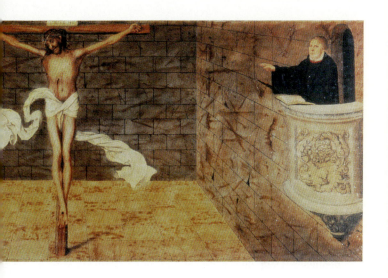

Gott Mensch wurde, ist das eigentlich Verblüffende, sondern dass er ein Sünder für uns geworden ist. *Hier erhebt sich nun der fröhliche Wechsel und Streit: […] Ist nun das nicht ein fröhlicher Hausstand, da der reiche, edle, fromme Bräutigam Christus das arme, verachtete, böse Hürlein zur Ehe nimmt und sie von allem Übel frei macht, sie mit allen Gütern zieret? So ists nicht möglich, daß die Sünden sie verdammen, denn sie liegen nun auf Christus und sind in ihm verschlungen.*[168]

Sola scriptura, die Schrift allein: Weil die Bibel Gottes einmalige Offenbarung in der Menschengeschichte enthält, ist sie Grundlage aller Theologie und kritische Norm kirchlicher Tradition und Autorität. Während die römische Kirche damals die Rezeptionsgeschichte der Schrift in der Glaubensgemeinschaft und ihre Auslegung durch Kirchenväter, Heilige und Päpste gleichberechtigt neben den Bibeltext stellte (heute gesteht sie der Schrift ein leichtes Übergewicht zu) und die Bibel eher als Steinbruch für einzelne, römische Lehrentscheidungen legitimierende Zitate benutzte (was sie immer noch tut), beharrte Luther darauf, dass sich jedes Dogma, jeder Konzilsbeschluss, jede päpstliche Lehraussage am Gesamt der Schrift messen lassen muss. *Denn was ohne Schriftgrundlage oder ohne erwiesene Offenbarung gesagt wird, mag wohl als eine Meinung hingehen, muß aber nicht notwendig geglaubt werden.*[169]

Eine «Hierarchie» der vielfältigen Gattungen, Bildersprachen und Motive in der Bibel entsteht lediglich dadurch, dass alle Einzeltexte auf Christus hin gelesen werden, Ziel und Mitte der Offenbarung.

Also nicht die Kirche legt die Schrift aus, sondern die Schrift legitimiert, normiert und kritisiert die Kirche. Wegen ihrer Klarheit und ihrer Konzentration auf Christus legt sie sich selbst aus. Die bei religiösen Fanatikern so beliebten Versuche, die Bibel für eigene Interessen zu vereinnahmen, sind laut Luther zum Scheitern verurteilt, denn die Bibel lässt sich nicht manipulieren, sondern verändert ganz im Gegenteil den Menschen. *Beachte, dass die Kraft der Schrift die ist: sie wird nicht in den gewandelt, der sie studiert, sondern sie verwandelt den, der sie liebt, in sich und ihre Kräfte hinein.* [170]

Sola gratia, allein aus Gnade: Natürlich ist auch der römische Katholizismus immer eine Gnadenreligion gewesen und bis heute geblieben. Doch die Gnade hat hier im landläufigen Verständnis Vermittlungsinstanzen und Voraussetzungen nötig: Priester, Sakramente, gute Werke, ethisches Bemühen. Und auch Luther kommt nicht ohne Werke und ohne Gesetz aus – als Norm und Inspiration, nun freilich mit Freude und aus Liebe erfüllt. Anständige Gesinnung, ethisches Handeln, Gutsein, Frommsein sind bei ihm aber nicht als Leistung verstanden, begründen keine Verdienste, sondern ergeben sich ganz natürlich aus der Liebesbeziehung zu Gott.

Die Kraft – und vor allem die Lust! –, gut zu sein, Religion zu «praktizieren», ist ein unverdientes Geschenk. Die Gnade bleibt ein Wunder, aber es ist «ein inneres Wunder des Glaubens an das Evangelium und Christus, nicht ein innerlich-äußerliches Wunder der hierarchisch-sakramentalen Gnadeneingießung mit der Folge der Kraft zu guten Werken und Verdiensten» [171], präzisiert der nüchterne Religionshistoriker Ernst Troeltsch. Die Folgen: eine «ungeheuere Reduktion des Dogmas» auf seine «gefühlte, Glaube und Vertrauen weckende Kraft» und «der religiöse Individualismus, die durch Menschen und Priester nicht vermittelte Innerlichkeit der Gottesgemeinschaft».[172]

Es ist ganz einfach: Ohne Glaube *ist den Werken der Kopf ab und all ihr Leben und Guttun nichts* [173]. Luther will nicht sagen, *daß das Wollen und Laufen des Menschen bedeutungslos ist, sondern daß es nicht das Ergebnis seiner Tüchtigkeit ist*[174]. Der Unterschied liegt darin, ob die Beziehung zu Gott von *äußerlichen Werken* oder *innerlichem Vertrauen* lebt. *Denn dieses macht rechte, lebendige Gotteskinder, jenes macht nur ärgere Abgötterei und die schädlichsten Heuchler, die auf Erden sind.*[175] Noch kürzer ausgedrückt: *Das Gesetz sagt: ‹Tue das›, und es geschieht doch niemals. Die Gnade sagt: ‹Glaube an den›, und schon ist alles getan.*[176]

Sola fide, allein aus Glauben: In Jesus Christus liebt und erlöst uns Gott bedingungslos und macht uns aus reiner Gnade gerecht. Anteil an dieser Erlösung erhalten wir durch den Glauben, nicht durch Leistungen, Bußwerke oder menschliche Vermittler. Das ist der Inhalt der sogenannten Rechtfertigungslehre, mit der die Kirche laut Luther steht und fällt: *Daß Jesus Christus, unser Gott und Herr, sei um unserer Sünde willen gestorben, und um unserer Gerechtigkeit willen auferstanden [...], und Gott unser aller Sünde auf ihn gelegt hat [...]. Weil nun solches geglaubt werden muß und sonst mit keinem Werk, Gesetz noch Verdienst erlangt oder gefaßt werden kann, so ist es klar und gewiß, daß allein solcher Glaube uns gerecht mache. Wie Röm 3,28 Paulus spricht: ‹Wir halten dafür, daß der Mensch gerecht werde ohne Werke des Gesetzes, durch den Glauben› [...]. Von diesem Artikel kann man [in] nichts weichen oder nachgeben, es falle Himmel und Erde [...].*[177]

So wichtig ist ihm diese in der Beschäftigung mit Paulus entwickelte Lehre, dass er in seiner gesamten gewaltigen Bibelübersetzung lediglich zwei Wörter in Versalien drucken lässt: «SÜNDE VERGIBT» (Röm 3,25), und diese Wortfolge in einer Randglosse *Hauptstück* und *Mittelplatz*[178] der ganzen Heiligen Schrift nennt. Die Fachleute weisen darauf hin, es sei das erste Mal in der Geschichte des Christentums gewesen, dass ein Theologe die zentrale Wahrheit des Glaubens derart in einem einzigen Artikel konzentriert habe. Dieser Artikel sei deshalb so wichtig für die konfessionelle Auseinandersetzung geworden, weil Theologie und Lehramt bis dahin wenig über die Rechtfertigung nachgedacht hätten, Luther sie aber ganz neu und ausschließlich aus der Schrift begründet habe.

Wobei man sich vor dem Missverständnis hüten muss, dass an die Stelle der guten Werke jetzt der Glaube als die eigentliche Leistung trete, womit sich der Mensch die Huld Gottes verdienen könne. Wenn Luther vom «gerecht machenden» Glauben spricht, meint er im Gegenteil den Verzicht auf jedes Leisten und Habenwollen und die demütige Annahme einer geschenkten, ungeschuldeten Gnade. Gott allein verwandelt den Menschen, er berührt ihn so, dass *das Herz ihm überhaupt ganz ähnlich wird*[179].

Luther, der Realist, stellt sich diesen Verwandlungsvorgang nicht als Werk eines Augenblicks vor, sondern als Prozess. *Jeder, der an Christus glaubt, ist gerecht, noch nicht voll und ganz in Wirklichkeit, sondern in Hoffnung. Denn seine Rechtfertigung und Genesung hat begonnen.*[180] Die Rechtfertigung ist noch im Werden: Der an Christus glaubende Mensch *befindet sich bereits im Himmel, umgeben vom Himmel der Barmherzigkeit. Aber während wir hier im Schoß des Vaters getragen sind, bekleidet mit dem schönsten Gewand, reichen unsere Füße unten aus dem Mantel heraus, und die beißt der Satan, wie er nur kann. [...] Denn du musst das Füßlein mit unter den Mantel ziehen, sonst hast du keinen Frieden.*[181]

Alle anderen Akzente der reformatorischen Lehre ergeben sich aus diesen wenigen Grundsätzen. Zum Beispiel die Sakramententheologie: Im Gegensatz zur traditionellen römischen Sicht bekräftigt Luther mehr ihre Bedeutung für den einzelnen Menschen als für die kirchliche Gemeinschaft. In Abgrenzung von den spiritualistischen Spielarten der Reformation wiederum betont er die objektive Heilsbedeutung von Taufe und Abendmahl, die sich aus der Menschwerdung Gottes in der Geschichte ergibt.

«Sacrum» heißt «das Heilige», und ursprünglich bezeichnete das Wort «Sakrament» den militärischen Fahneneid. Erst später bekam es den bis heute gültigen Sinn einer liturgischen Symbolhandlung. Sakramente dienen der christlichen Selbstvergewisserung und Identitätsfindung – als Fenster, durch die eine andere Wirklichkeit in diese Welt hereinbricht. Augustinus gab als Erster eine klare Definition: Sakramente seien sichtbare Zeichen einer unsichtbaren Gnade, und entscheidend sei das Zusammenwirken von Wort und Zeichen (Wasser, Salbung, Brot und Wein).

Dass es von der inneren Einstellung des Empfängers abhängt, ob Gottes Gnade auch wirklich beim Menschen ankommt, geriet im Lauf der Jahrhunderte in Vergessenheit. Rom lehrte, dass die innere Heiligkeit eines Sakraments durch einen unwürdigen Amtsträger nicht beschädigt werden könne, und leistete damit dem Aberglauben an eine automatische, ja magische Wirkung Vorschub. Dagegen beharrte Martin Luther leidenschaftlich auf der Notwendigkeit einer gläubigen Haltung.

Und lehnte die traditionelle Siebenzahl der Sakramente als unbiblisch ab; nur Taufe und Abendmahl durften bleiben, als Ausdrucksformen des Evangeliums, die inhaltlich nichts enthalten, was über die Wirkung des Schriftwortes hinausginge. Sakramente haben Zeichen der Botschaft Gottes zu sein – mehr nicht. Anders als die radikalen «Täufer», die eine persönliche Glaubensentscheidung des Taufbewerbers verlangten, hielt Luther jedoch eisern an der Kindertaufe fest. Denn die macht ja unüberbietbar deutlich, dass die Gnade kein Verdienst, sondern ein Geschenk ist und dass der Mensch auch vom Glauben, von der Fürsorge und Fürbitte seiner Mitgeschöpfe lebt. Die Taufe sei mehr als *Menschenwerk* und das Taufwasser durch Gottes Wort geheiligt und *ein solches Wasser, da Gottes Sohn darin badet, da der Heilige Geist drüber schwebet und Gott der Vater drüber predigt. – So ein köstlich Wasser und Heiltrank ist daraus geworden, da Gott sich selbst eingemischt hat.*[182]

Gerade weil Taufe und Abendmahl kein Werk des Menschen und nicht von der Überzeugungskraft des subjektiven Gewissens abhängig sind, bieten sie Glaubenssicherheit – im sichtbaren Zeichen und im zuverlässigen Gotteswort. Nirgendwo sonst wird die Realität des für Luther so zentralen «für euch», «für mich» so deutlich wie im Abendmahl, dem Sakrament, *in welchem mir mein Herr Christus durch sein Wort tröstlich zusagt, dass sein Leib und Blut mein sei [...]. Darum setze ich diesen Glauben wider dich [den Teufel] und all Unglück und stehe fest auf den Worten, die werden mich nicht belügen, denn es sind Gottes Worte und Gottes Zeichen.*[183]

Luther hält an der tatsächlichen Gegenwart Christi im Abendmahl («Realpräsenz») fest, teilt aber nicht die römische Überzeugung von der Wandlung von Brot und Wein in Fleisch und Blut Christi («Transsubstantiation»): Christus könne durchaus *seinen Leib in der Substanz des Brotes erhalten*[184]. Ebenso lehnt er den Opfercharakter der Messe ab: Wenn Christus nicht nur einmal am Kreuz gestorben ist, sondern in jeder Messe erneut hingeopfert wird, entwertet das die ungeheure Bedeutung seines Sterbens auf Golgatha und gibt dem zelebrierenden Priester scheinbar Macht über den Leib Christi.

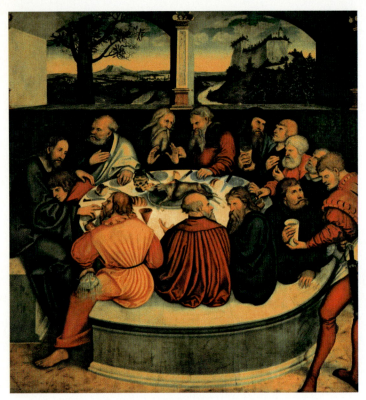

Auf dem Mittelteil seines Wittenberger Altarbildes hat Lucas Cranach d. Ä. in der Rolle der Apostel viele Mitstreiter Luthers dargestellt, ihn selbst mit dem Becher in der Hand (vorne rechts), neben ihm den Bibeldrucker Hans Lufft.

Auch Luthers Ekklesiologie (Lehre von der Kirche) leitet sich von seiner Christozentrik, Gnaden- und Rechtfertigungslehre ab. Christus handelt in seiner Kirche, nicht die Priesterschaft mit ihrer Macht über Sakramente und Reliquienschreine, nicht die «Schwärmer», die sich selbst zu Auserwählten erklären. *Ecclesia [...] creatura est Euangelii, incomparabiliter minor ipso*[185] (Die Kirche ist ein Geschöpf des Evangeliums, unvergleichlich geringer als dieses).

Das Evangelium relativiert und korrigiert die Kirche. Das

Evangelium schafft die Gemeinde als Gemeinschaft der Hörenden und Glaubenden, sichtbar (in ihren charakteristischen Lebensäußerungen) und unsichtbar zugleich (weil allein Gott in die Herzen schaut und weiß, wer durch seinen Glauben zur Kirche gehört). *Wir gestehen es ihnen nicht zu, daß sie die Kirche seien,* wirft er den «Römern» an den Kopf. *Denn es weiß, gottlob, [schon] ein Kind von sieben Jahren, was die Kirche sei, nämlich die heiligen Gläubigen und die Schäflein, die ihres Hirten Stimme hören. […] Diese Heiligkeit besteht nicht in Chorhemden, Tonsuren, langen Röcken und ihren andern Zeremonien, von ihnen über die heilige Schrift hinaus erdichtet, sondern im Wort Gottes und rechtem Glauben.*[186]

Deshalb hat jeder Glaubende ohne hierarchische Vermittlung Zugang zu Gott, ist jeder Christ *wahrhaftig geistlichen Standes*[187], können Christenmenschen einander ohne Priester und Beichtstuhl Gottes Vergebung zusprechen. Doch damit die neue Freiheit nicht im Chaos endet, bindet Luther Wortverkündigung und Sakramentsverwaltung, Seelsorge und Gemeindeleitung an die Beauftragung durch die konkrete Kirche, das heißt die Gemeinde. Seine Unterscheidungen zwischen dem allgemeinen Priestertum aller Getauften und den geordneten Konturen der kirchlichen Ämter sind nicht immer ohne Widersprüche, gewinnen aber an Klarheit, wenn man wie Luther zwischen sacerdotium (Priestertum) und ministerium (Dienstamt) trennt.

«Sonst würde eines das andere fressen»: Reformation statt Revolution (1523–1525)

1967, als sich der «Thesenanschlag» zum 450. Mal jährte, und dann noch einmal 1983 bei Luthers 500. Geburtstag vollzog die DDR eine dramatische Kehrtwende in ihrem historischen Selbstverständnis: Die Gedenkstätten wurden für mehrere Millionen Ostmark renoviert, Fernsehserien, Schallplatten, Bildbände produziert, 50 000 Luther-Köpfe aus Meißner Porzellan unter das Volk gebracht. Am Vorabend des runden Geburtstags versammelte sich die Parteiprominenz vollzählig zum Staatsakt in Ost-Berlin. Martin Luther, bisher in Lesebüchern als Reaktionär, Fürstenknecht und Verräter an den aufständischen Bauern gebrandmarkt, avancierte plötzlich zum Helden der «frühbürgerlichen Revolution»[188].

Die sozialistischen Klassiker lassen zum Glück beide Sichtweisen zu. Denn während Karl Marx den Bauernkrieg als die «an der Theologie» gescheiterte «radikalste Tatsache der deutschen Geschichte»[189] wertete und Friedrich Engels die Reformation als sozioökonomisch bedingte, aber dann in Theorie und Theologie stecken gebliebene Massenbewegung deutete, wertete derselbe Engels später die lutherische und calvinistische Bewegung zur «Revolution Nr. 1 der Bourgeoisie» und zum «einzig möglichen, populären Ausdruck der allgemeinen Bestrebungen»[190] auf. Luther konnte deshalb je nach (kirchen)politischem Bedarf als Bremser oder aber als Pionier einer revolutionären Tradition in Deutschland gelten.

Ein ganz neues Freiheitspathos hatte seine Bewegung ja unstreitig gebracht – und den oft genug an der Grenze des Existenzminimums lebenden, an der steigenden Konjunktur nur selten beteiligten Bauern ihre demütigende Abhängigkeit von der Grundherrschaft bewusst gemacht. In Thüringen, Westfalen, an der Nordseeküste, in der Schweiz gab es zwar freie Bauern in starker Position, die ihre Höfe an die Söhne vererbten, aber im deutschen Osten war die Gutsherrschaft und in West- und Süd-westdeutschland die Leibeigenschaft weit verbreitet. Ein großer Teil der unsicheren Ernte, manchmal die Hälfte, ging an den Grundherrn, der sogar darüber bestimmte, wen sein Leibeigener heiraten durfte. Seit der Jahrhundertwende waren außerdem die Steuern kräftig erhöht worden. Immer mehr Kleinhäusler und Tagelöhner bildeten ein revolutionäres Potenzial von Verbitterten und Enttäuschten. Und in den Köpfen weniger, aber charismatischer Visionäre wie Thomas Müntzer begannen unerhörte Ideen von Volkssouveränität und demokratisch legitimierter Gewalt zu spuken.

In den reformatorisch geprägten Flugschriften wurde der Bauer oft als sympathische Gegenfigur zu Priestern und Krämerseelen gezeichnet, demütig und mit gesundem Menschenverstand begabt. Martin Luther allerdings mochte die Bauern offenbar nicht besonders. Er verdächtigte sie, überhöhte Preise für ihre Produkte zu verlangen, und verübelte ihnen, dass sie ohne großes Risiko von den Früchten der Erde lebten, die Gott *ohne ihr Zutun* wachsen lasse: *Die Fürsten haben ein schweres und sehr hohes Amt; die Bauern schnarchen unterdessen in Sicherheit.*[191] Ließen ihn die Sorgen der Landleute kalt, weil er aus einer ganz anderen Schicht stammte, die bei einem Sieg der bäuerlichen Rebellen Geld und Privilegien verloren hätte?

Ein Fürstenknecht war er jedoch nicht, und auch kein Leisetreter. *Gott achtet die Könige wie die Kinder ein Kartenspiel,* so pflegte er die Mächtigen zu warnen, *sobald sie es übertreiben, stößt er sie vom Thron.*[192] Als es unter Bürgern und Bauern immer hitziger gärte, während sich politische Machthaber, reiche Adlige und protzende Kirchenfürsten mit Zynismus und Drohungen gegen ihre Forderungen abschotteten, redete Luther 1523 in seiner Schrift *Von weltlicher Obrigkeit, wie weit man ihr Gehorsam schuldig sei*[193] Klartext: *Gott der Allmächtige hat unsere Fürsten toll gemacht, daß sie nicht anders meinen, sie könnten tun und ihren Untertanen gebieten, was sie nur wollen [...]. Er wirft ihnen vor, den armen Mann zu schinden [...]. Solche Leute nannte man vorzeiten Buben, jetzt muß man sie christliche, gehorsame Fürsten nennen.*[194]

Bereits in dieser Mahnrede an kleine und große Tyrannen aber findet sich jene Legitimation der Staatsmacht, die ihm die Freiheitskämpfer jeder Couleur bald so verübeln sollten. Halb bedauernd, halb erleichtert stellt Luther fest, die Welt sei leider so gewalttätig und verkommen, dass *durch Gottes Willen und Ordnung*[195] die Obrigkeit zum Schutz der Schwachen und zur Aufrechterhaltung des Rechts das Schwert führen müsse. *Denn wo das nicht wäre, sintemal alle Welt böse und unter Tausenden kaum ein rechter Christ ist, würde eines das andere fressen [...]. – Denn der Bösen sind immer viel mehr als der Frommen. Ein ganzes Land oder die Welt mit dem Evangelium zu regieren sich unterfangen, das ist deshalb ebenso, als wenn ein Hirt in einen Stall Wölfe, Löwen, Adler, Schafe zusammentäte und ein jegliches frei neben dem andern laufen ließe und sagte: Da weidet und seid rechtschaffen und friedlich untereinander [...]. Hier würden die Schafe wohl Frieden halten und sich friedlich so weiden und regieren lassen, aber sie würden nicht lange leben [...].*[196]

Und begannen die Heißsporne nicht schon Feuer zu legen? 1524 kamen aus der Grafschaft Stühlingen im Schwarzwald, aus dem Allgäu und vom Bodensee alarmierende Nachrichten: Überall rotteten sich Bauernhaufen zusammen, grundbesitzenden Klöstern wurden die Abgaben verweigert – unter Berufung auf «göttliches Recht» –, auf dem Gebiet der Fürstabtei Kempten gründete sich eine «Christliche Vereinigung» der Landleute. Allstedter Bürger zerstörten unter Führung von Luthers schärfstem Rivalen Müntzer eine Marienkapelle und schlossen sich mit Mansfelder Bergwerksgesellen zu einem Bund der Auserwählten Gottes zusammen.

Gegen abweichende religiöse Meinungen sei das Schwert der weltlichen Obrigkeit fehl am Platz, predigte Luther: *Gottes Wort soll hier streiten [...]. Ketzerei ist ein geistlich Ding, das kann man mit keinem Eisen zerhauen, mit keinem Feuer verbrennen, mit keinem Wasser ertränken.*[197] Als im folgenden Jahr eine Bauernabordnung bei ihm erschien, um ihm die von einem Kürschner und einem Prediger aus Memmingen verfassten (und bald auch von aufmüpfigen Städtern unterstützten) «Zwölf Artikel der Bauernschaft in Schwaben»[198] vorzulegen, lud sie Luther freundlich zum Essen und Trinken ein und versprach eine baldige Stellungnahme.

Der Forderungskatalog war ausgesprochen maßvoll formuliert: Die Bauern erkannten die Obrigkeit und die Grundherrschaft und Gerichtsbarkeit der Landbesitzer ausdrücklich an, appellierten an die brüderliche Liebe und verlangten lediglich die Abschaffung überhöhter Steuern, die Neufestsetzung des Zehnten und die freie Wahl der Pfarrer durch die Gemeinden – und erklärten ihre Bereitschaft, von allen Forderungen abzustehen, wenn man ihnen nachweise, dass sie nicht aus der Bibel zu begründen seien.

Doch zunächst einmal ging Martin Luther auf Reisen, um in Eisleben eine Lateinschule einzuweihen und an verschiedenen Orten zu predigen – und wurde fast täglich mit Horrormeldungen konfrontiert: In Franken brandschatzten gewalttätige Bauernhorden Schlösser und Klöster; in Weinsberg ließen sie den Grafen und zwölf seiner Ritter so lange Spießruten laufen, bis sie tot zusammenbrachen; mächtige Städte wie Heilbronn, Würzburg, Freiburg, Erfurt ergaben sich widerstandslos. Bei näherem Hinsehen zeigte sich zwar, dass sich die Bauern in aller Regel aufs Plündern beschränkten und Mordtaten wie in Weinsberg die Ausnahme waren. Weil ihnen Organisation und Konzept fehlten, liefen die Trupps nach der Einnahme einer Burg oder eines Klosters wieder auseinander und wurden oft genug von gräflichen und bischöflichen Söldnern, die nicht so zimperlich waren, niedergemetzelt.

Aber wer bemüht sich in Kriegszeiten schon um ein differenziertes Bild? Und hatten nicht aufgebrachte Bauern mancherorts versucht, den zur Ruhe mahnenden Luther von der Kanzel zu zerren? Hatten sie ihn in Nordhausen nicht niedergeschrien? Noch während seiner Reise schickte er eine *Ermahnung zum Frieden auf die zwölf Artikel der Bauernschaft in Schwaben*[199] ins Land hinaus. Darin warf er zwar *euch Fürsten und Herren, besonders euch blinden Bischöfen und tollen Pfaffen und Mönchen* erneut vor, *daß ihr schindet und Geld eintreibt, euren üppigen und hochmütigen Lebenswandel zu führen, bis es der gemeine Mann nicht länger ertragen kann und mag. […] Solche Sicherheit und verstockte Vermessenheit wird euch den Hals brechen, das werdet ihr sehen. […] Gott schaffts so, daß man eure Wüterei nicht kann noch will noch solle auf die Dauer dulden.*[200]

Eigentlicher Adressat der Schrift aber war die Bauernschaft, der Luther hart ins Gewissen redete: *Daß die Obrigkeit böse und unrecht ist, entschuldigt keine Zusammenrottung noch Aufruhr.*[201] Es könne schon sein, dass die Obrigkeit unrecht tue, aber wenn man ihr die von Gott gegebene Macht nehme, *so würde ein jeglicher über den andern Richter werden und keine Gewalt noch Obrigkeit, Ordnung*

Das große Morden im Bauernkrieg, wie es sich Werner Tübke auf seinem gigantischen Panoramagemälde in Bad Frankenhausen 1983–87 vorgestellt hat (Ausschnitt). Am 15. Mai 1525 erlitten hier die thüringischen Bauern unter Thomas Müntzer (Mitte) eine verheerende Niederlage. Rechts spielt der Tod zur Schlacht auf. Vorne um den Brunnen versammelt: Tilman Riemenschneider, Jörg Ratgeb, Albrecht Dürer, Martin Luther, Lucas Cranach d. Ä., Sebastian Brant und Philipp Melanchthon

noch Recht in der Welt bleiben, sondern nichts als Mord und Blutvergießen.[202] – *Denn, habt Recht, wie sehr ihr wollt, so gebührt keinem Christen zu rechten noch zu fechten, sondern Unrecht zu leiden und das Übel zu dulden.*[203]

1523 – 1525

Luthers *Ermahnung zum Frieden* hatte die Druckerei noch nicht verlassen, da schrieb er schon ein neues Pamphlet, anders kann man es nicht nennen, die empörte, wutschäumende, blutdürstende Flugschrift *Wider die räuberischen und mörderischen Rotten der Bauern*[204]: Die maßvollen «Zwölf Artikel» seien *lauter erlogen Ding gewesen [...], reines Teufelswerk*[205], und weil sie, allen voran *der Erzteufel [Thomas Müntzer], rauben und toben und tun wie die rasenden Hunde*, seien die herrschenden Mächte zum rücksichtslosen Dreinhauen verpflichtet: *Drum soll hier erschlagen, würgen und stechen, heimlich oder öffentlich, wer da kann, und daran denken, daß nichts Giftigeres, Schädlicheres, Teuflischeres sein kann als ein aufrührerischer Mensch; so wie man einen tollen Hund totschlagen muß; schlägst du [ihn] nicht, so schlägt er dich und ein ganzes Land mit dir.*[206] *– Darum, liebe Herren, erlöset hier, rettet hier, helft hier, erbarmt euch der armen Menschen; steche, schlage, töte hier, wer da kann. Bleibst du darüber tot, wohl dir, seligeren Tod kannst du nimmermehr finden.*[207]

Bis heute ist nicht ganz nachvollziehbar, welcher Teufel den Reformator da geritten hat. Man vermutet, jetzt erst habe er von dem Blutbad in Weinsberg erfahren und in höchster Erregung, wie es seine Art war, sofort zur Feder gegriffen. Entsetzt wird er auch über den Mord an seinem Ordensbruder Heinrich von Zütphen gewesen sein: Betrunkene Dithmarscher Bauern, aufgehetzt von einem Dominikaner, hatten den Prediger der neuen Lehre halb totgeschlagen und danach ins Feuer geworfen. Möglicherweise ist Luther über das jetzt folgende Strafgericht der Fürstenheere erschrocken – mindestens 75 000 Bauern sollen erschlagen oder verbrannt worden sein, von den Überlebenden wurden viele geblendet und verstümmelt –, das freilich auch ohne seine Schriften vollzogen worden wäre. *Daß man mit den armen Leuten so greulich verfähret, ist ja erbärmlich,* schreibt er nun plötzlich an seinen Freund Johann Rühel, der dem Grafen von Mansfeld als Rat dient. *Aber was soll man tun? Es ist nötig, und Gott wills auch haben, daß eine Furcht und Scheu in die Leute gebracht werde.*[208]

Jedenfalls liefert er eilends einen *Sendbrief von dem harten Büchlein wider die Bauern*[209] nach, in dem er sich rechtfertigt und erneut die Gefahren eines Aufruhrs in grellen Farben malt, an die Obrigkeit jedoch appelliert, nach dessen Niederschlagung Gnade zu zeigen, und jene *wütenden, rasenden und unsinnigen Tyrannen, die auch nach der Schlacht nicht des Bluts satt werden können, und die in ihrem ganzen Leben nicht viel nach Christus fragen,* geißelt. *Würden die Bauern Herren, so würde der Teufel Abt werden; würden aber solche Tyrannen Herren, so würde seine Mutter Äbtissin werden.* [210] Das Schicksal Thomas Müntzers, der die aufständischen thüringischen Bauern in die Entscheidungsschlacht von Frankenhausen und damit 5000 von ihnen in den Tod getrieben hat, muss ihm nahegegangen sein. Luthers Nimbus als lauterer Rebell gegen die satten Inhaber der Macht ist auf jeden Fall dahin.

Was zunächst so widersprüchlich aussieht, Luthers erschreckende Härte und sein Mitgefühl mit den Opfern, beides wird ein wenig verständlicher, wenn man nach seinen Motiven fragt. Es geht ihm überhaupt nicht um politische Einschätzungen und Visionen oder um Fragen der sozialen Gerechtigkeit. Wieder einmal ist der Mönch Luther – der immer wie ein Mönch empfinden wird, auch später, wenn er das Ordensleben längst hinter sich gelassen und eine Familie gegründet hat – ausschließlich an der Beziehung zwischen Mensch und Gott interessiert. An den Forderungen der Bauern stört ihn, dass sie sich so aufdringlich auf das Evangelium berufen: Wer die Leibeigenschaft mit dem Argument abschaffen

Alles verloren: Weinende Bäuerin, gezeichnet von Albrecht Dürer

will, Christus habe die Menschen befreit, der verwechselt die Ebenen und will die *christliche Freiheit ganz fleischlich machen. [...] Dieser Artikel will alle Menschen gleich machen und aus dem geistlichen Reich Christi ein weltliches, äußerliches Reich machen, welches unmöglich ist.* [211]

Nicht, daß ich damit die Obrigkeit in ihrem unerträglichen Unrecht, das ihr leidet, rechtfertigen oder verteidigen wollte – sie sind und tun greulich Unrecht [212], das betont er oft genug. Doch auf der Welt herrscht nun einmal Ungleichheit, und der Kampf um unbeschränkte Gleichheit führt ins Chaos – *Streit ist bald angefangen; es steht aber nicht in unsrer Macht, aufzuhören, wann wir wollen* [213] –; und selbst wenn er gerechtfertigt wäre, dürfte man ihn nicht freventlich im Namen Gottes führen.

Das dahinterstehende Gedankengebäude ist unter dem Namen «Zwei-Reiche-Lehre» in die Geistesgeschichte eingegangen: Jeder Christ lebt gleichzeitig in zwei Welten, deren Herrschern er gehorsam sein muss. Das eine Reich wird von Gott mit der Heiligen Schrift regiert, das andere vom König oder Fürsten mit dem Schwert, um der Gewalt und Anarchie zu wehren. Das eine Reich ist von der Überzeugungskraft der Liebe bestimmt, das andere von der Macht des Rechts und der Ordnung, und natürlich sind beide vielfältig miteinander verzahnt.

Die Obrigkeit hat Anspruch auf Respekt, auch wenn sie sich allzu menschlich und wenig fromm verhält, und sie dient Gott und den Menschen, auch wenn sie straft und (Verteidigungs-)Kriege führt. *Deshalb muß man diese beiden Regimente mit Fleiß voneinander scheiden und beides bleiben lassen: Eines, das fromm macht, das andere, das äußerlich Frieden schaffe und bösen Werken wehret. Keines ist ohne das andere genug in der Welt. Denn ohne Christi geistliches Regiment kann niemand vor Gott fromm werden durchs weltliche Regiment. [...] Wo aber das geistliche Regiment allein über Land und Leute regiert, da wird der Bosheit der Zaum los und aller Büberei Raum gegeben [...].* [214]

Die Zwei-Reiche-Lehre ist von zentraler Bedeutung für die Entwicklung der modernen pluralistischen Gesellschaft, weil sie jedem Fundamentalismus und jedem religiös begründeten Allmachtsanspruch einer Weltanschauung entgegensteht. Sie hindert Religion und Staat, sich in die Angelegenheiten des jeweils anderen einzumischen, sie lässt den Byzantinismus russischer Zaren ebenso wenig gelten wie den Anspruch römischer Päpste auf Weltherrschaft. Ganz konnte sie den ewigen Konflikt zwischen Königen und Priestern freilich nie verhindern, auch nicht in der protestantischen Welt, wo es nur noch Pastoren gibt.

Denn Luthers saubere Trennung von Kirche und Welt, Gottesreich und irdischen Ordnungsstrukturen, blieb ein Ideal – was auch damit zu tun hatte, dass er wie viele seiner Zeitgenossen das baldige Weltende erwartete und große politische Utopien deshalb für Zeitverschwendung hielt. In der Praxis wurde die vitale religiöse Volksbewegung durch die sogenannte Fürstenreformation und die behäbigen Landeskirchen abgelöst und dem Aufbruch zur christlichen Freiheit jeder revolutionäre Stachel gezogen. Die deutschen Protestanten emanzipierten sich vom Papst und seiner Kurie, aber sie blieben Untertanen und wurden keine Citoyens. Am Ende knechtete nicht mehr der Heilige Stuhl die Gewissen, sondern der evangelische Landesfürst und sein aus Theologen und Juristen zusammengesetztes Konsistorium, das Glaubensabweichlern Bürgerrechte, Arbeit und Freiheit nehmen konnte.

Und dennoch glimmen unter der Asche der ins Stocken geratenen Reformation bis heute die Funken der Revolte: Martin Luthers Ideen haben die Kirche – am Ende, im 19. Jahrhundert, auch die katholische – entpolitisiert und die Kultur entklerikalisiert. Selbstverständlich soll die Kirche das Verhalten der Politik wachsam beobachten und gegebenenfalls mutig kritisieren – aber eben allein mit der Macht des Wortes, Spott und Verfolgung riskierend. Staat, Justiz, Ehe, Sozialstrukturen, Bildungsinstitutionen unterstehen keiner klerikalen Kontrolle mehr, haben ihr eigenes, säkulares Recht bekommen.

Damit ist paradoxerweise aber auch die Trennung von sakraler und profaner Sphäre aufgehoben, Alltagswelt und Beruf werden zu heiligen Räumen, die Arbeit wird geadelt, das Diesseits kann vertrauensvoll bejaht werden. «Ihr seid das Salz der Erde» (Mt 5,13), der Auftrag aus dem Evangelium gilt jetzt allen Christenmenschen, damit das Leben Sinn und Würde behält. Denn *züchtig, gerecht und gottselig* könne jeder in seinem Stand leben, *Kaiser oder Stallknecht, Bürgermeister oder Scherge.* [215]

Auch die Hirten von Bethlehem hätten nach der Begegnung mit dem Christuskind und den himmlischen Heerscharen keineswegs ein beschauliches Eremitendasein *mit Fasten und Beten* gewählt, *solches heißt nicht Gott dienen, sondern aus dem Gehorsam treten und dir selbst dienen. [...] Denn er bedarf deiner Mönchstracht und deines Fastens nicht, sondern daß du in deinem Stand und Beruf gehorsam seiest und seinen Sohn preisest, so dienst du ihm recht.*[216] Das klingt überhaupt nicht revolutionär, ist es aber doch, denn Luther ordnet das ehrliche Handwerk und jede noch so anspruchslose Beschäftigung nicht mehr der Politik oder Kirche unter, sondern rückt sie auf egalitäre Weise in unmittelbare Beziehung zu Gott.

Obwohl sich das neue Denken nach Luthers Geschmack in den Köpfen abspielt und nicht – wie bei Müntzer – nach dem sozialen Umsturz verlangt, ist er nicht blind für soziale Probleme. Er wünscht sich eine größere Durchlässigkeit der gesellschaftlichen Schichten und mehr Aufstiegsmöglichkeiten für die Habenichtse. Er mahnt die Zünfte, sich nicht aus Brotneid gegen Talente aus den niederen Klassen abzuschotten. Er kämpft gegen Wucherzinsen[217], ausbeuterische Lohnpolitik und gnadenlosen Verdrängungswettbewerb.

Geschäftsleute, die das Warenangebot künstlich verknappen oder Engpässe ausnutzen, um überhöhte Preise zu fordern, nennt er Räuber; der Markt muss durch *Gesetz und Gewissen begrenzt*[218] sein und dem Menschen dienen, nicht umgekehrt – sonst wird der Mensch zur Ware. Dreieinhalb Jahrhunderte vor Karl Marx prangert er die Praktiken der großen *Monopole* an: *Denn sie haben alle Ware unter ihren Händen und machens damit, wie sie wollen, [...] daß sie [die Preise] steigern oder erniedrigen nach ihrem Gefallen, und drücken und verderben alle kleinen Kaufleute, gleichwie der Hecht die kleinen Fische im Wasser, gerade als wären sie Herren über Gottes Kreaturen und frei von allen Gesetzen des Glaubens und der Liebe.*[219]

Gibt es tatsächlich schon demokratische Tendenzen beim so mittelalterlich wirkenden Doktor Luther? Für Strukturreformen oder Kontrollgremien hatte er genauso wenig übrig wie seine Zeitgenossen, eher zeigte er bisweilen Sympathie für große Männer, die auch etwas außerhalb der überlieferten Rechtsordnung stehen konnten und eigentlich nur ihrem Gewissen verpflichtet waren. Was einen liberalen Zug offenbart, während er doch sonst die Obrigkeit als *Zeichen göttlicher Gnade, daß Gott barmherzig sei und habe nicht Lust am Morden, Töten und Würgen*[220], preist. Einerseits ist

eine starke staatliche Autorität nötig, um die Willkür der Einzel-
interessen zu bändigen. Andererseits bindet Luther diese Autorität an Recht und Gesetz und rückt dezent die Freiheits- und Ge-
wissensrechte des Individuums ins Bewusstsein. Den deutschen
Fürstenstaat der frühen Neuzeit – der für die Untertanen mehr
Rechtssicherheit, Bildung und soziale Fürsorge brachte – hat er
heraufführen helfen, die moderne Demokratie kann sich kaum
auf ihn berufen.

Der Bildungspolitik widmet er besondere Aufmerksamkeit,
auf durchaus originelle Weise: Eltern und Erzieher handeln als
Mitarbeiter Gottes, darin liegt ihre Legitimation – und ihre Grenze.
Quer zum Zeitgeist will er die Kinder nicht als kleine Erwachsene
behandelt wissen und plädiert für eine kindgemäße Erziehung:
*Da Christus Menschen erziehen wollte, musste er Mensch werden. Sollen
wir Kinder erziehen, so müssen wir auch Kinder mit ihnen werden.*[221]
Die *Rute* kommt in seinen pädagogischen Ratschlägen zwar vor,
wichtiger aber ist der *Apfel*[222]; und niemals darf man die Kleinen
einschüchtern: *Angst, die die Kinder in der Kindheit erwerben, werden
sie ihr Leben lang nicht mehr los.*[223]

Zwei Sonderfälle von Luthers politischer und kulturgeschicht-
licher Wirkung sind zu erwähnen, obwohl sie eher in die Theologie gehören: sein Verhältnis zu den Juden und zu den Muslimen.
Manche leidenschaftlichen Ökumeniker in beiden Kirchen haben
die Hoffnung, irgendein Papst werde Luther eines Tages nicht nur
rehabilitieren, sondern heiligsprechen. Das wird nie passieren –
nicht weil er, ohne es eigentlich zu wollen, eine Konkurrenzkirche
hervorgebracht hat, sondern weil er so fürchterlich unchristlich
über die Juden geredet und geschrieben hat.

Das taten damals zwar die meisten Christen, aber eben doch
nicht alle: In Köln geiferte ein abtrünniger Jude namens Johannes
Pfefferkorn, man müsse den Israeliten die Kinder und die heiligen
Bücher wegnehmen und sie zur Zwangsarbeit verpflichten. 1509
erwirkte er ein kaiserliches Mandat zur Konfiszierung sämtlicher
jüdischen Schriften im Reich, wofür zunächst einige Gutachten
einzuholen waren. Der Stuttgarter Humanist Johannes Reuchlin,
ein umfassend gebildeter Theologe und Sprachwissenschaftler,
Richter am Reichskammergericht, verwarf die Zwangsmaßnah-
men – denn genau wie die Christen seien die Juden in ihrem Glau-

ben nur Gott verantwortlich, und niemals habe Gott den Christen verboten, mit ihnen zu verkehren. Reuchlin erforschte die Bibel in der Ursprache – schließlich habe Gott Hebräisch mit den Menschen geredet –, schlug Hebräisch-Lehrstühle zur Förderung des Dialogs vor, handelte sich einen Ketzerprozess ein, wurde vom Speyerer Bischof freigesprochen, vom Papst verurteilt (allerdings nur für eines seiner Bücher) und starb 1522 in Stuttgart.

Martin Luther dagegen gab so schauderhafte Sätze über die Juden von sich, dass bei den Nürnberger Kriegsverbrecherprozessen 1946 der Herausgeber des antisemitischen Nazi-Hetzblatts «Der Stürmer», Julius Streicher, behaupten konnte, würde er noch leben und hätten die Richter mehr historisches Gespür, dann säße sicher Martin Luther an seiner Stelle auf der Anklagebank.[224]

Dabei vermochte der junge Luther durchaus zu differenzieren und hielt überhaupt nichts von gewaltsamen Bekehrungen: Als er wie Reuchlin zu einem Gutachten über Pfefferkorns wüste Vorschläge aufgefordert wurde, gab er zu bedenken, die Ablehnung des Evangeliums durch die Juden sei in der Bibel vorhergesagt, und die Juden seien nicht die Einzigen, die Christus verworfen hätten, das hätten auch die Türken und die Anhänger der Papstkirche getan, und alle zusammen, Christen, Muslime und Juden, Kirche und Synagoge, würden eines Tages vor Gottes Gericht stehen, dem man nicht vorgreifen dürfe.

Auch Luther hält die Juden für verstockte Gottesmörder, sie haben sich Gottes Zorn zugezogen und können in ihrer Gesamtheit nicht gerettet werden. Aber seine 1523 publizierte Schrift *Daß Jesus Christus ein geborner Jude sei* enthält eine erstaunliche Vision: Freundliche Behandlung durch die Christen, die Zulassung zu Handel und Gewerbe, der Verzicht auf die üblichen Propagandalügen und eine solide biblische Argumentation müssten doch wenigstens bei einer gewissen Zahl von ihnen zur Bekehrung führen.[225]

Die Beweisführung, die Luther etwas später bei einem Disput mit rabbinisch gutgeschulten Juden anwandte, ging von den Weissagungen der hebräischen Bibel aus und sollte seine Gesprächspartner überzeugen, dass mit Jesus der sehnsüchtig erwartete Messias gekommen sei. Über das christliche Bekenntnis zum Gottessohn musste man auf dieser Stufe noch nicht explizit sprechen. Doch zu Luthers großer Enttäuschung blieben die frommen Israeliten reserviert. Ja, sie hielten ihm sogar die damals aktuellen messianischen Hoffnungen jüdischer Kreise entgegen, die sich auf einen auch politisch verstandenen Erlöser richteten. Von da an hat sich bei ihm offenbar eine aggressive Ablehnung des rabbinischen Judentums entwickelt. Davon unterschied er allerdings die volkstümliche jüdische Religiosität, die er von Gesetzesfrömmigkeit und Werkgerechtigkeit bestimmt sah – ähnlich wie die römische Variante des Christentums.

Im Hintergrund stand wohl auch hier Luthers Bewusstsein, in der Endzeit zu leben; da wurden die Juden als Repräsentanten der überholten Epoche des «Gesetzes» automatisch an den Rand gedrängt. Ein Rassist und Antisemit ist Luther jedenfalls nicht gewesen, denn ihm ging es nicht um Biologie, sondern um Religion. Die getauften Juden hat er als Vollchristen genauso akzeptiert wie die getauften Germanen. Dass sein Ton im Lauf der Jahre erheblich schärfer und aggressiver wurde, hatte verschiedene Gründe: erstens einen unverkennbaren Altersstarrsinn. Zweitens registrierte Luther mit Empörung, dass drüben in Mähren jüdische Kreise angeblich ihrerseits missionarisch tätig wurden und Christen dazu brachten, sich beschneiden zu lassen (immerhin war auch Jesus ein beschnittener Jude gewesen), den Sabbat zu feiern und die Ritualgesetze einzuhalten. In Wirklichkeit hatte eine Gruppe christlicher Sektierer das alttestamentliche Gesetz wörtlich befolgen wollen und deshalb den Sabbat wieder eingeführt – ohne irgendeine Beteiligung von Juden. Drittens hatte sich in ihm die Überzeugung festgesetzt, dass *ihre verdammten Rabbinen* wissentlich die Wahrheit verdrehen und *ihre arme Jugend und den gemeinen Mann so mutwillig vergiften*[226], indem sie ihnen die Erkenntnis vorenthielten, dass Jesus Christus der erwartete Messias sei.

All seine Entrüstung und Wut jagt der alt gewordene Luther drei Jahre vor seinem Tod, 1543, unter dem Titel *Von den Juden und ihren Lügen*[227] in die Welt hinaus – und ruft in einem ähnlichen Rundumschlag wie einst gegen die Bauernhorden zur Gewalt auf, die er als Defensive darstellt: Man soll ihre Synagogen und Häuser verbrennen, wie es im Alten Testament für Städte vorgesehen sei, in denen Götzendienst getrieben werde. Man soll ihre Talmud-Ausgaben und Gebetbücher konfiszieren und ihren Rabbinern

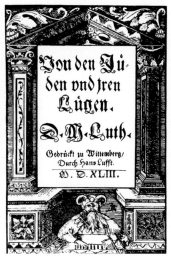

Titelblatt und Vorwort von Luthers Spätschrift «Von den Juden und ihren Lügen», Wittenberg 1543

das Lehren verbieten. Man soll ihnen die Reisefreiheit nehmen, Juwelen und Geld – weil sie das alles nur mit Wuchergeschäften verdient haben können – und soll sie zu Handwerkern machen.

Seriöse Historiker verweisen darauf, dass die religiöse Toleranz zur Lutherzeit noch nicht erfunden war, dass sich seine Forderungen in nichts von den auch anderswo vorgeschlagenen Maßnahmenkatalogen unterscheiden beziehungsweise sogar milder ausfallen, weil er «nur» die Existenzvernichtung empfiehlt, weder Mord noch Scheiterhaufen, und dass er auch in dieser aufgeheizten Stimmung auf die beliebten Anklagen wegen Brunnenvergiftung und Hostienfrevel verzichtet. Luthers Sündenfall bleibt gravierend, weil die vielen anderen Hetzschriften gegen die Juden bald wieder vergessen wurden, während seine Attacken über die Jahrhunderte hinweg Wirkung entfalteten.

Möglicherweise hat der zu cholerischen Ausbrüchen neigende Luther seine Angriffe später wieder bereut: 1544 erschien in Wittenberg ein Liederbuch mit «Neuen Deutschen Geistlichen Gesängen» und der hintersinnigen Strophe:

«Unser große Sünde und schwere Missetat
Jesum, den wahren Gottessohn, ans Kreuz geschlagen hat.
Drum wird [man] dich armer Judas, dazu der Juden Schar,
Nicht feindlich dürfen schelten, die Schuld ist unser zwar
[nämlich].» [228]

Es wäre interessant, herauszubringen, wie weit Luther mit dieser selbstkritischen Theologie übereinstimmte. Ein Lutherlied ist es sicher nicht, aber die Forschung rückt den Text doch in seine unmittelbare Nähe.

Auch gegenüber den Muslimen – die das Abendland damals in der Gestalt der «Türken» wahrnahm und fürchtete – hütete sich Luther lange Zeit vor jeder Kreuzzugsmentalität. Und das, obwohl der Westen mit panischem Schrecken mehrere türkische Invasionen und Siege erlebt hatte: 1521 die Eroberung Belgrads, 1526 die vernichtende Niederlage der ungarischen Armee bei Mohács, 1529 die Belagerung Wiens. Kaiser Karl befestigte zwar überall die Grenzen und konnte einzelne türkische Heeresabteilungen immer wieder zurückschlagen, aber der Islam blieb eine latente Bedrohung, vor allem weil das Reich zu groß war, um bei jedem Einfall feindlicher Truppen sofort zu reagieren, und weil die Reichsfürsten ihre Unterstützung von Zugeständnissen der Zentralgewalt abhängig machten.

Luther hingegen nannte die Türken *unsers Herrgotts zornige Rute*[229] und warnte vor Kreuzfahrerträumen: *Wenn einer wider den Türken in den Krieg ziehen will, soll er vor allen Dingen also denken, daß der Türke Gottes Rute und Zorn ist über die Welt, und sonderlich über die Christen, die Gott also strafen will. Darum sollen wir vor allem zuerst erkennen und bekennen unsre Sünde [...].*[230] Also zunächst einmal Gewissenserforschung, Gebet und Buße – was militärische Verteidigung nicht ausschließt, aber zur Demut nötigt und das blinde Vertrauen auf Hochrüstung verbietet. Und der Papst dürfe schon gar nicht in Kreuzzugsmanier ein *Christenheer* anführen, *denn die Kirche soll nicht streiten noch mit dem Schwert fechten.*[231]

Wenn überhaupt, meint der gegenüber «gerechten» Kriegsgründen immer ziemlich skeptische Luther, so darf man gegen den Türken nicht wegen seines *falschen Glaubens* ins Feld ziehen, *sondern seines Mordens und Zerstörens halber.*[232] Es ist eine rein politische Entscheidung, keine Frage von Religion und Weltanschauung. Über den Islam hat Luther lange Zeit überhaupt nichts gesagt; er kannte ihn nicht, beherrschte kein Arabisch – und interessierte sich doch brennend dafür, was bis heute kaum bekannt ist.

1530 erschien in Wittenberg ein Buch über «Ritus und Sitten» der Türken, auf Latein und verfasst von einem gewissen Georg aus Siebenbürgen, der in türkischer Kriegsgefangenschaft gewesen war. [233] Luther schrieb eine Vorrede zu dem Buch, die deshalb interessant ist, weil er hier die beiden Werke erwähnt, denen er seine fragmentarischen Kenntnisse des Islam verdankt – eine «Durchsicht des Korans» aus der Feder des Universalgelehrten und Kardinals Nikolaus von Kues und die «Widerlegung des Korans» des florentinischen Dominikaners Ricoldo da Montecroce –, und bedauernd feststellt, diese beiden Autoren würden das Gute im Koran verschweigen und lediglich seine Schattenseiten hervorheben.

Merkwürdigerweise übersetzte Luther zwölf Jahre später ebendieses verachtete Buch von Ricoldo ins Deutsche [234] – und erläuterte sein Projekt etwas verlegen: *Indeß hätte ich gerne den Koran selbst gesehen. Und wunderte mich, wie es zuginge, daß man den Koran nicht längst in die lateinische Sprache gebracht hat, da Mohammed nun länger als 900 Jahre regiert und so großen Schaden getan hat, doch niemand sich darum angenommen hat, zu erfahren, was Mohammeds Glaube sei; sind allein damit zufrieden gewesen, daß Mohammed ein Feind christlichen Glaubens gewesen sei – aber wo und wie von Stück zu Stück, das ist nicht laut geworden, welches doch zu wissen von Nöten ist. Aber jetzt diese Fastnacht habe ich den Koran auf lateinisch gesehen, doch sehr übel verdolmetscht, so daß ich wünschte, einen klareren zu sehen. Ich habe aber soviel daraus gemerkt, daß dieser Bruder Richard sein Buch nicht erdichtet hat, sondern daß es mit dem Koran übereinstimmt. Darum habe ich es für nützlich und notwendig angesehen, dieses Büchlein zu verdeutschen – weil man kein besseres hat!* [235]

Mit der nicht sehr befriedigenden Koran-Übersetzung meinte Luther offensichtlich die damals in Basel nachgedruckte Arbeit des englischen Gelehrten Robert von Ketton, 1142/43 in Toledo erschienen. [236] Die Basler Zensurbehörde hatte den unvorsichtigen Drucker – der es versäumt hatte, ihre Genehmigung einzuholen – erst einmal verhaftet und weitere Gutachter beauftragt:

Durfte man in einer christlichen Stadt die Quellenschrift der ärgsten Glaubensfeinde publizieren? Luther leistete dem Drucker in einem Brief an die Basler Ratsherren Schützenhilfe: *Nichts Verdrießlicheres* könne man den Türken antun, als die Christen mit dem Koran bekanntzumachen; *darin können sie sehen, was für ein verfluchtes, schändliches, verzweifeltes Buch es ist, voller Lügen, Fabeln und allen Greueln.* [237]

Von den sympathischen Seiten des Korans war keine Rede mehr – was natürlich auch ein strategischer Schachzug gewesen sein kann, um dem Basler Rat seine Skrupel zu nehmen. Jedenfalls ging es Luther nicht um die damals in der Christenheit begierig aufgesogenen Gruselgeschichten über Mohammeds tierhafte Sexualität und gewalttätigen Charakter, sondern um seine religiöse Botschaft. Darin fand er die gleiche Fixierung auf menschliche Werke und Verdienste wie bei Juden und «Papisten» – und natürlich die Ablehnung des in Christus Mensch gewordenen Gottes.

Der Nachdruck erschien 1543, drei Jahre vor Luthers Tod, mit je einer Vorrede von ihm [238] und von Melanchthon – und sorgte dafür, dass der Koran unter abendländischen Gelehrten ein wenig mehr bekannt wurde. In seinen letzten Lebensjahren agierte er zunehmend heftig und verbissen, so auch hier, zumal die Türkengefahr immer bedrohlicher erschien. Es gelang nicht, die muslimischen Heere aus Ungarn zu verdrängen; Ofen-Buda (das spätere Budapest) wurde von Sultan Suleiman eingenommen, die Hauptkirche in eine Moschee verwandelt. Die apokalyptische Endzeit schien gekommen, in welcher *der Teufel den Schwanz regt* und überall die Ketzerei wieder zum Blühen bringt, besonders bei den *Juden und Mohammed.* [239] Mit höhnischer Ironie macht er sich über die skeptischen Fragen von *Juden, Mohammed, Türken und Tataren* lustig, die *das unbegreifliche Wesen Gottes in den Löffel oder die Nussschale ihrer Vernunft fassen* wollen *und sagen, Gott habe kein Weib, darum könne er keinen Sohn haben. Pfui, Pfui, Pfui, Teufel mit Juden und Mohammed und alle die, so der blinden, törichten, elenden Vernunft Schüler sind in diesen hohen Sachen, die niemand versteht als Gott allein [...].* [240]

Martin Luthers Attacke spannt Mohammed und seine Horden nicht nur mit den Juden zusammen, sondern auch mit der Papstkirche. Denn beide, Mohammed und der Papst, setzten eine rein äußerliche Frömmigkeit gegen die Rechtfertigung allein durch den Glauben, beide lehrten Irrtümer über Zwangsbekehrungen und Ehe, beide Mächte bedrohten die Ordnung in Religion, Staat und Rechtswesen und müssten deshalb unter Berufung auf das Natur- und Notwehrrecht konsequent bekämpft werden.

Luthers originelle Argumentation: *Ich kanns nicht leugnen, der Türke hält die vier Evangelien für göttlich und recht sowohl wie die Propheten, rühmt auch Christus und seine Mutter sehr. Aber er glaubt gleichwohl, daß sein Mohammed über Christus sei [...]. Ebenso verfährt der Mohammed mit dem Evangelium. Er gibt vor, es sei auch wohl recht, aber es habe längst ausgedient, sei auch schwer zu halten [...]. Deshalb habe Gott ein anderes neues Gesetz geben müssen, das nicht so schwer sei und das die Welt halten könne, und dieses Gesetz sei der Koran. [...] Umgekehrt ist der Papst nicht viel frömmer und sieht dem Mohammed über die Maßen ähnlich, denn er lobt mit dem Munde auch die Evangelien und die ganze Heilige Schrift. Aber er meint, daß viele Stücke drinnen zu schwer und unmöglich seien [...]. Deshalb deutet er sie um und macht ‹evangelische Räte› draus, die niemand zu halten schuldig sei, außer welche es gelüstet [...]. Deshalb regiert er auch nicht mit dem Evangelium oder Gottes Wort, sondern hat auch ein neues Gesetz und einen Koran gemacht, nämlich sein kanonisches Recht und betreibt das mit dem Bann gleichwie der Türke seinen Koran mit dem Schwert [...].* [241]

«Ich will keines Meister sein»: ein zorniger Kirchenvater (1525–1530)

Zurück zum Jahr 1525. Hat Luther schon mit seiner Haltung im Bauernkrieg eine Menge Sympathien bei seinen Anhängern verloren, so verprellt er viele von ihnen vollends, als er am 13. Juni die ehemalige Nonne Katharina von Bora heiratet. Wohlmeinende Weggefährten vermuten eine Kurzschlusshandlung oder erzählen, Katharina sei schon lange seine heimliche Geliebte gewesen und plötzlich schwanger geworden. Die Gegner lachen sich ins Fäustchen, der alte Bock (Luther ist immerhin schon 42, nach damaligen Maßstäben ein gesetztes Alter, seine Braut zählt 26 Jahre) habe seine Triebe nicht bezähmen können.

Nichts davon ist wahr. Obwohl er sein Ordensgewand im Jahr zuvor ausgezogen hat und sich seinen Gelübden nicht mehr verpflichtet fühlt, lebt er immer noch wie ein Mönch. Für Torschlusspanik findet sich in den Quellen ebenso wenig ein Beleg wie für ein illegales Verhältnis – und im Gegensatz zu vielen Mitbrüdern, die in dieser Umbruchszeit ihr Klosterdasein aufgeben, hat er bisher nicht von Heirat und Familie geträumt. *Aber mir werden sie keine Ehefrau aufdringen!*[242], versicherte er noch 1521 dem kurfürstlichen Sekretär Spalatin aus seinem Wartburg-Exil. Und als er sich jetzt, vier Jahre später, allmählich mit dem Gedanken anfreundet, der Ehestand könne *von Gott gefordert* sein, kann er sich durchaus auch eine *verlobte Josephsehe*[243] vorstellen, also ein Zusammenleben ganz ohne Sex.

Doch dann passiert diese Geschichte im Zisterzienserinnenkloster Nimbschen bei Grimma. Zwölf adlige Nonnen haben nach der Lektüre von Luthers Schriften die Lust am Ordensleben verloren und lassen sich in der Morgendämmerung des Ostersonntags mit seiner Hilfe aus dem Kloster herausschmuggeln – ob tatsächlich in stinkenden Heringsfässern auf einem Kaufmannskarren, wie es die amüsante Legende will, sei dahingestellt. Auf jeden Fall haben die reformatorischen Freiheitsprediger jetzt ein Problem, denn nur wenige der geflohenen Himmelsbräute werden von ihren einen Skandal fürchtenden Familien aufgenommen, für die anderen muss rasch ein irdischer Bräutigam gefunden werden.

Was zum Glück gelingt; nur eine bleibt übrig, ein offensichtlich hochgebildetes Energiebündel namens Katharina von Bora, das zunächst beim berühmten Maler Lucas Cranach in Wittenberg unterkommt, wo außer der großen Werkstatt eine Druckerei, eine Apotheke und eine Weinschenke zu betreuen sind. Katharina stellt hier ihre ökonomischen und organisatorischen Talente – nebst Klugheit und Charme – so eindrucksvoll unter Beweis, dass ihr der gerade zu Besuch weilende König Christian von Dänemark einen goldenen Ring schenkt. Doch Katharina schwärmt für einen Nürnberger Patriziersohn, der allerdings, auf Druck seiner Eltern, eine andere vorzieht, ein «anständiges Mädchen», keine davongelaufene Nonne.

Um der jungen Frau die Blamage zu ersparen, um der Welt trotzig das neue Dogma vom Ende des priesterlichen Zölibats und der unter Zwang abgelegten Ordensgelübde zu verkünden, um seine Gegner zu ärgern, *den triumphierenden und Jo! Jo! schreienden Feinden zum Trotz* [244], um seine Eltern zu versöhnen, die sich Enkel wünschen, weil er seinen verwahrlosten Hausstand satthat und auch einmal umsorgt werden will, wie Feministinnen vermuten, oder aus welchen Gründen auch immer, führt Martin Luther nun kurz entschlossen selbst Katharina zum Altar.

Anfangs ist eher Vernunft als Leidenschaft im Spiel. Der Herr Doktor findet plötzlich ein gemachtes Bett vor statt seines längst zu Mehl zerkrümelten Strohsacks. Er bekommt seine Lieblingsspeisen gekocht – freilich auch Diät und Kräutertee, wenn ihn sein Steinleiden plagt –, und der hagere Asket von einst verwandelt sich vollends in einen ziemlich feisten Bürger. Nur seine Kleider darf er weiter selbst flicken, das kann er gut, und Käthe hat Wichtigeres zu tun. Zum Beispiel, dem an chronischer Finanznot leidenden und seine Einnahmen gern großherzig verschenkenden Herrn Professor das Geld zusammenzuhalten.

> «Das erste Jahr der Ehe macht einem seltsame Gedanken. Denn wenn er am Tische sitzt, denkt er: Vorher war ich allein, nun bin ich zu zweit. Wenn er im Bette erwacht, sieht er ein paar Zöpfe neben sich liegen, welche er früher nicht sah.»
>
> Tischreden

Luthers finanzielle Situation muss zeitweise miserabel gewesen sein. Nach den Universitätssatzungen ist er von seinem Kloster zu besolden – das es freilich nicht mehr gibt; erst 1524 bezieht er sein erstes bescheidenes Professorengehalt, das zum Glück alle paar Jahre aufgestockt wird; und dann schenkt ihm der Kurfürst auch noch das zunächst nur gepachtete Kloster. Für Predigt und Seelsorge in Wittenberg bekommt er lediglich ein armseliges Taschengeld. An seinen zahllosen Publikationen verdienen nur die Drucker. Und die entlaufene Nonne Katharina, die aus verarmtem Adel stammt, hat erst recht nichts. Auf die Hochzeitsnachricht hin springt Luthers alter Gegner Albrecht von Brandenburg wieder einmal über seinen Schatten und schickt zwanzig Goldgulden; der Reformator will das verdammte «Ablassgeld» sofort zurücksenden, was Käthe resolut verhindert, sie kann die zwanzig Gulden gut brauchen, um aus dem riesigen Klostergebäude einen gemütlichen Wohnsitz zu machen.

Katharina ist immer mehr gewesen als eine gute Wirtschafterin. Schritt für Schritt verwandelte sich das einstige Ordens- und Studienhaus der Wittenberger Augustiner in eine Art spirituelles Zentrum der Reformation. Bei den ausgedehnten und von Luthers legendären Tischreden gewürzten Mahlzeiten hat Katharina sicher nicht nur die Tafel gedeckt und die Töpfe herangeschleppt; im Kloster hatte sie schließlich ziemlich gut Latein und theologisches Argumentieren gelernt. Wenn über dem ewigen Schwadronieren das liebevoll zubereitete Essen kalt zu werden drohte, pflegte sie die Diskussion energisch zu unterbrechen. Abends gab es dann nicht selten ausgelassene Trinkgelage weit über Mitternacht hinaus, die Martin Luther fröhlich sein «Königreich» nannte.

Martins und Katharinas «Vernunftehe» verdankt die Christenheit jedenfalls das kulturprägende Modell des evangelischen Pfarrhauses: Lange genug hatte die kirchliche Obrigkeit die Doppelmoral geduldet (und selbst praktiziert), dass die Diener Gottes ihren Schäflein Sittsamkeit predigten und sich selbst eine Geliebte hielten. Nun hatte der Seelsorger eine geordnete Ehe zu führen und sein Familienleben so zu gestalten, dass es der ganzen Gemeinde zum Vorbild dienen konnte. Was zweifellos zu einem zivilisierten Umgang der Geschlechter beitrug, im Lauf der Zeit

Energisch und
ein bisschen frech:
Katharina von
Bora (1499–1552),
1526 gemalt von
Lucas Cranach d. Ä.

jedoch zu einer beträchtlichen Überforderung und im 20. Jahrhundert zu überdurchschnittlichen Scheidungsraten führte.

Als Ehemann und Familienvater hat Martin Luther offenbar einen tiefgreifenden Lernprozess durchgemacht. In seinen Tischreden – begierig aufgezeichnet von den pubertierenden Studenten, denen die «Frau Lutherin» mit ihren ständigen Mahnungen, das Kostgeld pünktlich zu zahlen, auf die Nerven ging – finden sich all die merkwürdigen Argumente mittelalterlicher Frauenverachtung: von der dummen Eva, die sich im Paradies von der Schlange verführen ließ, über die unterschiedliche körperliche Ausstattung – Männer haben eine breite Brust, also viel Verstand, Frauen haben breite Hüften, damit sie zu Hause sitzen und sich um den Haushalt kümmern [245] – bis zur naturgegebenen Geschwätzigkeit der Weiber: *Zu solcher Zungenfertigkeit sind sie wie geschaffen; denn sie sind darin viel geschickter als wir, die wir erst durch lange Übung [...] dazu kommen. Aber wenn sie über ihre Haushaltsfragen hinaus über öffentliche Angelegenheiten reden, so taugt das nichts. Denn wenn es ihnen auch an Worten nicht fehlt, so fehlt es ihnen doch am richtigen Verständnis für die Sache [...]. Daher ist klar, daß die Frau für den Haushalt geschaffen ist, der Mann aber für das öffentliche Leben, für Kriegs- und Rechtsgeschäfte.* [246]

Sei's drum. Immerhin gesteht er den Frauen – damals ungewöhnlich – das Recht zu, ihren Mann im Fall von Ehebruch zu verlassen. Doch es geht um Katharina: Halb widerwillig, aber immer entschiedener erkennt er die Stärke und geistige Selbständigkeit dieser Powerfrau an, die sechs Kinder zur Welt bringt und großzieht, aus einem etwas heruntergekommenen Kloster ein Wohn- und Gästehaus für bis zu vierzig Studenten, Doktoranden, arme Verwandte, verfolgte Glaubensbrüder, politische Asylanten und befreundete Professoren mit Krankenstation, Rinder-, Schweine- und Geflügelstäl-

> «Gott hat mich nach seiner großen Güte mit einem gesunden und munteren Sohn, Hänschen Luther, gesegnet. Es grüßt Dich Käthe, meine Rippe [...]. Sie fühlt sich, Gott lob, wohl und folgt meinem Willen und ist in allen Dingen gehorsam und nachgiebig, mehr, als ich es je zu hoffen gewagt hätte (Gott sei Dank!), so daß ich meine Armut nicht gegen die Reichtümer eines Krösus eintauschen möchte. Grüße Deine Herrin meinerseits in Christus und gehab Dich wohl.»
> **Brief an einen ehemaligen Mitbruder**

len, Molkerei, Backstube, Waschküche, Obstbäumen, Weinstöcken und Gemüsegarten macht, Äcker und Fischteiche dazukauft, Bier braut – und durchaus fähig ist, mit ihrem Herrn Doktor über theologische Spitzfindigkeiten zu diskutieren, ihn bei der Besetzung von Pfarrstellen zu beraten und mit seinen Druckern zu verhandeln.

Was Katharina aus dem Wittenberger Kloster gemacht und wie gut sie Luthers später dann doch fließende Professorengehälter verwaltet hat, kam bei den Ausgrabungen zutage: Auf der festlich geschmückten Tafel stand filigranes Glas aus Venedig, die grünglasierten Kacheln eines prunkvollen Ofens waren mit Porträts von Bibelgestalten und Kurfürsten geziert, ein Handwaschbecken trug eine kostbare Darstellung des Gekreuzigten, zu dessen Füßen das Wasser hervorsprudelte.

Die Lithographie aus dem frühen 19. Jahrhundert gibt eine gute Vorstellung davon, wie das von der großen Familie Luther und zahlreichen Hausgästen bewohnte einstige Wittenberger Augustinerkloster mit den von der «Lutherin» angelegten Obst- und Gemüsegärten zu Luthers Lebzeiten ausgesehen haben mag.

Martin Luther nennt Katharina in seinen Briefen – von ihr ist leider keiner erhalten – in zärtlich-boshaftem Respekt *meine Herrin und Gebieterin*[247], seinen *Morgenstern* (weil sie täglich um vier Uhr morgens aus den Federn springt, um den großen Haushalt zu versorgen) oder seinen *freundlichen lieben Herrn Katharina Lutherin, Doktorin, Predigerin zu Wittenberg* und unterschreibt *E. williger Diener Martin Luther.*[248] Er lässt sich von ihr folgsam zum Kinderhüten einteilen – und fährt den Spöttern übers Maul: *[…] die Windeln waschen, Betten machen, Gestank riechen, die Nächte durchwachen,* all diese *geringen, unlustigen, verachteten Werke* seien *mit göttlichem Wohlgefallen wie mit dem köstlichsten Gold und Edelsteinen geschmückt,* und *Gott lacht mit allen Engeln und Kreaturen* wohlgefällig über so einen Hausmann, *nicht weil er die Windeln wäscht, sondern weil er's im Glauben tut.*[249] In seinem Testament bestimmt er Katharina zur Haupterbin und zum Vormund seiner Kinder, was nach sächsischem Landesrecht leider unmöglich ist und zu Verwicklungen führt.

| Ein zorniger Kirchenvater

Nach Martin Luthers Tod 1546 musste Katharina Prozesse mit Verwandten und Nachbarn führen, um ihren Besitz zu retten, und schließlich einen Vormund für sich und ihre Kinder akzeptieren. Das Kloster musste sie verkaufen, Luthers Professorenkollegen und Freunde ließen sie im Stich. Auf der Flucht vor der Pest war sie 1552 mit zweien ihrer Kinder auf dem Weg nach Torgau. Plötzlich scheuten die Pferde, Katharina sprang vom Wagen, um sie unter Kontrolle zu bringen, stürzte in einen Wassergraben und zog sich in dem eiskalten Wasser eine Lähmung zu. Drei Monate später starb sie am 20. Dezember 1552, mit 53 Jahren.

War es doch mehr als eine Vernunftehe? In der Bibel stehe *nirgends, daß der irgendwelche Gnade bei Gott erlange, der eine Ehefrau nimmt*[250], hat Luther einst lakonisch erklärt. Nun nennt er den Ehestand ein *göttlich edles Geschäft*[251] und die sexuelle Lust ein Gottesgeschenk: *Eine junge Frau, falls ihr nicht die hohe und seltene Gnade der Jungfräulichkeit zuteil geworden ist, kann einen Mann so wenig entbehren als essen, trinken, schlafen und sonstige natürliche Bedürfnisse. Und wiederum: Auch ein Mann kann eine Frau nicht entbehren. [...] Darum hat Gott dem Leib die Glieder, die Adern, den Samenerguß und alles, was dazu gehört, gegeben und eingesetzt.*[252]

Als sein Freund Spalatin ebenfalls eine Katharina heiratet, schreibt er ihm voller Freude: *Du sollst, wenn Du mit Deiner Katharina schläfst und sie umarmst, dabei so denken: Dieses Menschenkind, dieses wunderbare Geschöpf Gottes hat mir mein Christus geschenkt. Ihm sei Lob und Ehre. An dem Abend des Tages, an dem Du nach meiner Berechnung diesen Brief empfangen wirst, werde auch ich sofort meine Frau in gleicher Weise lieben und so mit Dir verbunden sein.*[253] Den letzten Satz haben eifrige Zensoren schon bald aus den Briefsammlungen herausgestrichen.

Aber nirgends begegnen wir einem zärtlicheren, fröhlicheren, verspielteren Martin Luther als dort, wo er von seinen Kindern berichtet. Dem Professorenkollegen Justus Jonas, der selbst Vater geworden ist, tut er mit trockenem Humor kund, sein Hänschen habe *heute gelernt, hockend allein in jeden Winkel zu machen, ja er hat in der Tat mit außerordentlicher Geschäftigkeit in jeden Winkel gemacht. Sonst würde er mir mehr an Dich aufgetragen haben, wenn er Zeit gehabt hätte; denn er ist gleich gebadet worden und schlafen gegangen.*[254] Beim Zwickauer Pfarrer Nikolaus Hausmann bedankt er sich für eine Klapper, womit dasselbe Hänschen *sehr groß tut*[255]. Und Spalatin lässt er wissen: Wenn so ein Söhnchen *im Monate des Zahnens anfängt ‹Vater› zu lallen und mit ergötzlichen Belästigungen jedermann anzufahren*, dann erkenne er darin *die Frucht und Freude der Ehe, deren der Papst mit seiner Welt nicht wert war.*[256]

Spätestens mit der Eheschließung ist der ängstliche Skrupulant von einst zu einem vitalen, lebenslustigen Menschen geworden – was nicht heißt, dass ihn nicht immer noch periodisch Depressionen und Teufelsängste heimsuchen. Die zahlreich erhaltenen Porträts zeigen einen markanten Kopf mit starken Wangenknochen, hoher Stirn und schmalen Lippen, alles in diesem Gesicht ist Entschlusskraft, Ernst und Wille, die funkelnden Augen mögen seine Gesprächspartner in ihren Bann gezogen haben, wie die Zeitgenossen berichten – aber es sind auch zunehmend Züge von Genuss und Völlerei zu erkennen. *Ich fresse wie ein Böhme und saufe wie ein Deutscher*[257], schreibt er seiner *herzlieben Käthe* von einer Reise. Und bei Tisch nennt er es verächtlich *eine Vorschrift für Fische*[258], dass die Lebenden Wasser trinken und nur auf die Verstorbenen das Weinglas erheben sollen.

Er muss sehr robust gewesen sein, denn dieser Lebensweise und vielfältigen Krankheiten zum Trotz hat er das für damalige Verhältnisse gesegnete Alter von 62 Jahren erreicht. Von Kopfschmerzen, Schwindelanfällen, Geräuschen im Ohr – lautmalerisch spricht er von *susurrus* – berichtet er regelmäßig, von einem quälenden Harnsteinleiden und Angina-Pectoris-Attacken, die man wohl auch psychosomatisch deuten und mit seinen beklemmenden geistlichen Anfechtungen verbinden darf. Die lästigen Stuhlverstopfungen der frühen Jahre, die zu großen Schmerzen und blutigen Rissen führten – *mein Arsch ist bös worden*[259] –, haben sich dagegen im Lauf der Zeit beruhigt. Auf den Porträts fehlt die Brille, die er seit etwa 1530 tragen muss.

Über all diese Widrigkeiten informiert der fleißige Briefschreiber Luther gern – aber er klagt nicht groß darüber. Sogar als die Pest in Wittenberg wütet, tut er die Bedrohung leichthin ab: *Die Pest bei uns rafft höchstens (doch noch nicht an jedem Tage) drei oder zwei hinweg.* Kein Anlass, Reißaus zu nehmen. *Ich hoffe, daß die Welt nicht zusammenstürzen wird, wenn Bruder Martin stürzt.*[260] Er will sich die Lust am Leben nicht austreiben lassen. Luther schlägt selbst die Laute und behauptet, dass der Teufel *beim Klang der Mu-*

Martin Luther auf der Höhe seiner Kraft.
Porträt von Lucas Cranach d. Ä., 1528

sik fast genauso wie beim Wort der Theologie flieht[261]. Den Satan macht er auch für depressive Verstimmungen und ein verzagtes Herz verantwortlich; *Gott ist ein Feind aller Traurigkeit*[262], sonst hätte er den Menschen nicht die Sonne und den Sommer geschenkt.

Er ist verliebt in alles Lebendige: Mitten während der großen Leipziger Disputation beginnt er versonnen an einer Blume zu riechen, was seine Gegner empört vermerken.[263] Seinen Hund Tölpel – *feine frische Augen, starke Beine, schöne weiße Zähne*[264] – hofft er im Himmel wiederzutreffen.

Und dann poltert er wieder aggressiv und voller Zorn und wirft mit Schimpfwörtern und Zoten um sich, ein jähzorniger Grobian, der keine Rücksicht und kein Maß kennt. Den Papst beschuldigt er, dass er den Namen der Kirche lästerlich missbrauche *und damit seine Bubenschule, Huren- und Hermaphroditenkirche meint, des Teufels Grundsuppe.* Die Bibel lege der römische Pontifex so miserabel aus, dass es *hätte leicht geschehen können, wo ich nicht Hosen angehabt hätte, ich hätte es gemacht, was die Leute nicht gern riechen, so angst und bange wurde mir vor solcher päpstlichen, hohen Weisheit!*[265]

Ach, dieser *Papstesel*[266] zu Rom, der sich anmaßt, alle Sünden von Bischöfen, Kaisern und Königen vergeben zu können, *vielleicht auch alle Förze dieser Esel, und seine eigenen Förze auch*[267]. Faule, ungebildete Pfarrer sollten besser *Sauhirten* heißen als *Seelenwärter*[268], und *Katholik und Esel* seien ohnehin *dasselbe.*[269] *Wer aber nicht zum Sakrament gehen und den Katechismus lernen will, zu dem sollt ihr in seinem Sterben nicht gehen, sondern ihn sterben lassen wie die Säue [...].*[270]

Martin Luther macht es denen leicht, die ihn als Feindbild brauchen und als hitzköpfig-egomanischen Zerstörer der Kircheneinheit verdammen. Doch einmal abgesehen davon, dass die Gegenseite denselben groben Ton der Auseinandersetzung pflegte (in Worms nannte ihn der päpstliche Legat Aleander den «bösen Feind in Gestalt eines Menschen», der die übelsten Ketzereien «in eine stinkende Pfütze zusammen versammelt» habe[271]), kann er dennoch auf Sympathien rechnen, weil er immer authentisch geblieben ist – und weil er mit seinen schroffen Kanten und Widersprüchen bisweilen sehr selbstkritisch umgeht. Ja, es falle ihm oft schwer, liebevoll zu empfinden, und er schreibe am besten, wenn sein Blut rase, gesteht er ein und tut Abbitte wegen seiner derben Härte. Manchmal hat er sich vor Konflikten auch gedrückt, etwa über Jahre hinweg vor der notwendigen Auseinandersetzung mit Erasmus von Rotterdam über die Frage der Willensfreiheit. In einer gewagten Formulierung ermuntert er seinen Freund Me-

| Ein zorniger Kirchenvater

Die in der Apokalypse angekündigte «Hure Babylon» regiert Rom und die päpstliche Engelsburg. Holzschnitt aus Luthers Pamphlet «Wider das Papsttum zu Rom, vom Teufel gestiftet», Wittenberg 1545

lanchthon, die eigene Halbherzigkeit zu akzeptieren und gleichzeitig hartnäckig an sich zu arbeiten: *Pecca fortiter, sed fortius fide et gaude in Christo.*[272] (Sündige tapfer, aber glaube noch tapferer und freu dich in Christus!)

In der Regel versucht er sich nicht zu überschätzen. Er will weder eine politische Rolle spielen noch als Führer einer Nationalkirche dem Papst Konkurrenz machen. Wiederholt fleht er seine Anhänger an, *man wollte über meinen Namen schweigen und sich nicht lutherisch, sondern Christen heißen. Was ist Luther? Ist doch die Lehre nicht mein. [...] Wie käme denn ich armer stinkender Madensack dazu, dass man die Kinder Christi mit meinem heillosen Namen nennen sollte? [...] Ich bin und will keines Meister sein. Ich habe mit der Gemeinde die einige gemeine Lehre Christi, der allein unser Meister ist.*[273]

Es ist wohl mehr als ein eleganter Kunstgriff, wenn er sich 1539 in der Vorrede zu seinen gesammelten Schriften hinter den Worten der Bibel versteckt und bescheiden ankündigt, *daß ich Mäusedreck mich auch unter den Pfeffer menge*[274]. Am besten soll man seine chaotischen Bücher vergessen und allein die Heilige Schrift studieren, wieder und wieder. Und wenn sich dann einer einbildet, ein *rechter Theologe* zu sein, *und schmeichelst dir mit deinem eigenen Büchlein, Lehren oder Schreiben, [...] so greif dir selbst an deine Ohren, und greifst du recht, so wirst du ein schönes Paar großer, langer, haariger Eselsohren finden*[275]. Etwas charmanter ausgedrückt: *Poeten, Juristen und schönen Mädchen ist es erlaubt, auf ihre Gabe stolz zu sein. Aber in der heiligen Schrift muß sich ein jeglicher demütigen.*[276]

Dann wieder tönt er in hochfahrendem Größenwahn, *daß ich das Evangelium nicht von den Menschen, sondern allein vom Himmel,*

Das gegnerische Lager stand der Polemik der Reformation nicht nach: Hier dient Luther dem Teufel als Dudelsack. Holzschnitt von Erhard Schön, 1535

*durch unsern Herrn Jesus Christus habe (Gal 1,10 f.), daß ich mich wohl [...] einen Knecht und Evangelisten hätte rühmen und schreiben können*²⁷⁷. Den *Eseln*, die nicht allein die Autorität der Schrift gelten lassen wollen, soll man antworten: *Luther wills so haben und sagt, er sei ein Doktor über alle Doktoren im ganzen Papsttum.*²⁷⁸

Sein Doktortitel, der bleibt sein ganzer Stolz. Nur ganz selten – und mit leiser Ironie – bezeichnet er sich als Reformator, genauer gesagt, als einen, der *mehr reformiert mit meinem Evangelio* als die Anhänger der Papstkirche *mit fünf Conciliis hätten getan.*²⁷⁹ Aber schon als er Erzbischof Albrecht seine folgenschweren Ablassthesen schickte, hat er unterschrieben mit *E. K. F. G. unwürdiger Sohn Martinus Luther, Augustiner, berufener Doktor der heiligen Gottesgelehrtheit*²⁸⁰.

Luther erwartet Respekt vor seinem akademischen Amt, vor seinem Wissen, seiner Fähigkeit, klar zu argumentieren. Devote Bewunderung oder hündische Schmeichelei erwartet er nicht. Aufrechte Kämpfer schätzt er mehr als wachsweiche Diplomaten. Besiegte Widersacher behandelt er mit Großmut, wie den hilflos umherirrenden Karlstadt oder den Ablassprediger Tetzel, mit dem der ganze Zwist begonnen hat: Als der Dominikaner im Sterben liegt, schreibt Luther ihm einen einfühlsamen Trostbrief.

Er ist zweifellos ein Choleriker, er wird mit seiner nervösen Erregtheit ebenso wenig fertig wie mit seinem ewigen Vaterkonflikt, aber er hat auch eine unwahrscheinliche Kraft in sich, die es ihm immer wieder ermöglicht, andere mitzureißen und zu inspirieren und die eigenen Schwächen in Energie zu verwandeln. Er ist sich seines Glaubens nie völlig sicher – wie jeder fromme Mensch, der um das Risiko seiner Entscheidung weiß. *Fast habe ich Christus völlig verloren,* schreibt er 1527 offenbar während eines heftigen Anfalls von Angina Pectoris an Melanchthon, *umhergetrieben von Fluten und Stürmen der Verzweiflung und Lästerung gegen Gott.*[281] Und wenige Monate später: *Ich hoffe, dass der Gott, der in mir sein Werk angefangen hat, sich bis zum Ende meiner erbarmt, denn ich suche und dürste nach nichts anderem, als nach dem barmherzigen Gott.*[282]

Da ist es wieder, das Ringen um den gnädigen Gott, dem Luthers lebenslange Teufelsangst entgegensteht. Dass er auf der Wartburg ein Tintenfass nach dem Gottseibeiuns geworfen haben soll, der ihn bei der Übersetzung der Heiligen Schrift störte, ist lediglich eine gruselige Legende – auch wenn das Museumspersonal die Tintenflecken an der Wand der Studierstube regelmäßig erneuert, um die Touristen zu erfreuen. Aber dass sich das Böse zu materialisieren vermag und dass Gottes gute Botschaft in dieser Welt auf harte Widerstände trifft, davon war er als noch sehr mittelalterlich empfindender Mensch überzeugt.

Im Menschen Jesus, das ist für Luther sonnenklar, hat sich Gott aus Liebe zu seinen Geschöpfen ungeschützt in den Herrschaftsbereich des Teufels begeben – und diese Herrschaft zerbrochen. Doch solange das Reich Gottes noch nicht gekommen ist, darf der prinzipiell besiegte und entmachtete Teufel gegen Gottes Kinder wüten, was in den Anfangsschwierigkeiten der Reformation deutlich wird: Das neuentdeckte Evangelium hat alle Mühe, sich gegen die listigen Strategien des Höllenfürsten und seiner Helfershelfer unter Papisten, Schwarmgeistern und Türken durchzusetzen. Sogar als Engel maskiert sich Satan, und Gott verbirgt sich und schweigt.

Und doch hat der Teufel schon den *Strick am Hals*[283], hat er längst gegen den auferstandenen Christus verloren. Man kann ihn freilich nur besiegen, wenn man sich ihm stellt. *Man soll den Teufel nicht fliehen. Wenn man vor ihm flieht, so jagt er einen.* Man muss ihm *die Stirn bieten [...].*[284] – *Wenn ein Angefochtener glaubt, daß der kleinste Teufel stärker sei als die ganze Welt, so möge er auch das bedenken, daß der kleinste von den Engeln, welche uns behüten, stärker ist als alle Teufel.*[285]

Attackieren, zu Fall bringen und vertreiben können ihn seine

Martin Luther mit Doktorhut. Kupferstich von Lucas Cranach d. Ä., 1521

Gegner, notiert er 1530 auf der Feste Coburg, wo er wie auf Kohlen sitzt, während es auf dem Augsburger Reichstag um die Zukunft des reformatorischen Bekenntnisses geht. *Aber Gott behütet mich dennoch [...]. Stoßen können sie, fällen können sie mich nicht; martern können sie, ausrotten können sie nicht; ins Gefängnis bringen können sie, zwingen können sie nicht; hindern können sie, wehren können sie nicht; Zähne blecken können sie, fressen können sie nicht; morden, brennen, henken und ertränken können sie, unterdrücken können sie nicht; verjagen, rauben, nehmen können sie, zum Schweigen bringen können sie nicht.*[286]

Ein radikal Glaubender ist er gewesen, leidenschaftlich, stur, ins Risiko verliebt. Das ist wohl Martin Luthers größte Stärke gewesen. *So sind wir auch von Natur aus dazu geschickt, gern einen Glauben haben zu wollen, der Rückversicherungen verlangt. Wir wollten es gern mit Händen greifen und in die Tasche stecken. Aber das geschieht in diesem Leben nicht.*[287]

«Also sind und bleiben wir ewig geschieden»: Die Bewegung wird zur Kirche (1530–1546)

Seit der Hochmeister des Deutschen Ordens, Albrecht I. von Hohenzollern, 1525 den preußischen Ordensstaat in das protestantische Herzogtum Preußen umgewandelt hat, gewinnt die Reformation in Europa immer mehr an Terrain. Um 1540 gehören ganz Deutschland – bis auf Bayern und die kaiserlichen Territorien –, Skandinavien und das Baltikum zum protestantischen Lager. Doch Martin Luther und seine Mitstreiter vermeiden jede Siegerpose. Sie wissen, wie wenig stabil ein auf politische Interessenkonstellationen gegründeter Erfolg ist. Man hat viele Kompromisse schließen müssen, und der große Schwung des Anfangs beginnt in Parteiungen, theologischen Blockbildungen, neuen Kirchentümern zu versickern, die einander belauern und bisweilen auch bekämpfen.

Luther zieht sich in diesen Jahren mehr und mehr aus dem kirchenpolitischen Tagesgeschäft zurück, um nach innen zu wirken, für die nötige Balance von Bewegung und Ordnungsstrukturen zu sorgen, der protestantischen Glaubensgemeinschaft eine spirituelle Identität zu geben. Wer soll in den Gemeinden das Sagen haben, wer wird die Ämter besetzen, wie soll der schlichte neue Gottesdienst aussehen, und was müssen die Kinder über den Glauben lernen?

1525 hat er seinen Schutzpatron verloren, den Kurfürsten Friedrich den Weisen, in dessen jüngerem Bruder und Nachfolger Johann dem Beständigen allerdings einen offenen Parteigänger der Reformation gewonnen. Auch seine erste Tochter Elisabeth hat er beerdigen müssen, nur acht Monate alt ist sie geworden. In der großen Politik scheint das Chaos zu herrschen: Kaiser Karl hat den König von Frankreich besiegt, auf italienischem Boden, im Bündnis mit Leo X., dem Medici-Papst. Doch als dessen Nachfolger Clemens VII. auf die französische Seite schwenkt und mit Venedig

Luther (Vierter von links) und die anderen führenden Köpfe der Reformation: links neben Luther sein Beichtvater Johannes Bugenhagen, Stadtpfarrer in Wittenberg; ganz rechts Philipp Melanchthon; Zweiter von rechts Professor Kaspar Cruciger; Dritter von rechts Professor Justus Jonas; Vierter von rechts Erasmus von Rotterdam, zu dem Luther ein sehr ambivalentes Verhältnis hatte. Epitaph des Michael Meyenburg von Lucas Cranach d. J., 1558. Ausschnitt aus einer Kopie, der Epitaph wurde im Zweiten Weltkrieg zerstört.

und Florenz eine «allerheiligste Liga» gegen Karl schmiedet, fallen kaiserliche Landsknechte 1527 über Rom her und hausen in der Ewigen Stadt so entsetzlich, dass ganz Europa vor Empörung aufheult. Als sie der Brandschatzungen und Vergewaltigungen müde sind, spielen deutsche Söldner unter den Fenstern der Engelsburg, wo sich der Pontifex verschanzt hat, Konklave und rufen johlend ihren Martin Luther zum Papst aus.

Kaiser Karl, der sich nicht nur der Kritik an der Plünderung Roms, sondern auch der bis nach Wien vordringenden Türken erwehren muss, lässt sich von Papst Clemens 1530 mit der Kaiserkrönung ruhigstellen; erst jetzt gilt seine Herrschaft als von Gott legitimiert. Für Luther ist es eine Amtsanmaßung, dass der Papst sich vom Kaiser den Fuß küssen lässt: Jesus hat sich genau umgekehrt verhalten, als er seinen Jüngern die Füße gewaschen hat! Und auch die deutschen Kurfürsten sind vom Schulterschluss zwischen Papst und Kaiser wenig begeistert; sie fürchten um ihren Einfluss und werfen beiden vor, dass es immer noch keinen Termin für ein Konzil gibt, das die religiösen Streitfragen endgültig klären soll.

Denn die Spaltung zwischen den Konfessionen verfestigt sich von Tag zu Tag: Während sich der erste Speyerer Reichstag 1526 für uneingeschränkte religiöse Toleranz bis zur Entscheidung des baldigst einzuberufenden Konzils ausgesprochen hat, hebt der zweite Reichstag von Speyer 1529 den Toleranzbeschluss auf und setzt das Wormser Edikt wieder in Kraft, das Luthers Gefangensetzung verlangte. Leidenschaftlicher Protest kommt von einer Minderheit unter den Fürsten – unter ihnen der sächsische Kurfürst und der Landgraf von Hessen – und von vierzehn wichtigen Reichsstädten im Süden wie Nürnberg, Konstanz, Straßburg: Der Name «Protestanten» ist geboren![288]

Das heißt, es gibt jetzt eine klare Frontbildung zwischen altgläubigen und evangelischen Reichsständen. Zum Wortführer der Letzteren ist der hessische Landgraf Philipp geworden, der von einem gewaltigen politischen wie militärischen Bündnis gegen Kaiser und Papst träumt und im selben Jahr 1529 die Crème de la Crème der Reformation – Luther, Melanchthon, Zwingli, Johann Ökolampad, Andreas Osiander, Johann Brenz, insgesamt 24 Theologen – nach Marburg einlädt, um ein gemeinsames Glaubensbekenntnis zu formulieren. Das «Marburger Religionsgespräch» scheitert an der Abendmahlsfrage, Luther und Zwingli können sich nicht einigen. Bis zur sogenannten Leuenburger Konkordie von 1973 ist kein gemeinsames Abendmahl zwischen Lutheranern und Reformierten möglich.

Umso dringlicher scheint es Luther, dem Innenleben seiner Kerngemeinschaft klare Konturen zu geben. Die Liturgie für den Gottesdienst in deutscher Sprache, die Textvorlagen für Taufe und Trauung, die Gemeindelieder, die Vertonungen des Glaubensbekenntnisses und der Zehn Gebote: lauter Handreichungen und Zielmarkierungen, damit die noch frische Bewegung nicht aus dem Ruder läuft und die schnell Begeisterten nicht das angestrengte Hören auf Gottes Stimme vergessen, *wie die selbstzufriedenen Geister tun, welche meinen, wenn sie eine Predigt oder zwei gehört oder gelesen haben, so haben sie den heiligen Geist mit Federn und mit allem gefressen*[289].

Im April 1529 erscheint Luthers *Deutsch Catechismus*, später als der «Große Katechismus»[290] bezeichnet, eine lehrbuchartige Auslegung der Zehn Gebote, des Glaubensbekenntnisses, des Vaterunsers undder Sakramen-

> «Wenn ich auch ein sogenannter großer Doktor bin, so bin ich doch über die Kinderlehre der Zehn Gebote, des Glaubensbekenntnisses und des Vaterunsers noch nicht hinausgekommen, sondern ich lerne und bete sie bis heute täglich mit meinem Hänschen und mit meinem Lenchen. Wer versteht schon die erste Bitte: ‹Vater unser, der du bist imHimmel›, in ihrer ganzen Tiefe? Wenn ich nämlich diese Worte in [rechtem] Glauben verstände: Gott, der in seiner Hand Himmel und Erde hält, ist mein Vater, dann folgte daraus: Also bin ich Herr über Himmel und Erde, also ist Christus mein Bruder, also ist alles mein; [der Erzengel] Gabriel ist mein Knecht und Raphael mein Fuhrmann und alle anderen sind mir in allem, was ich bedarf, dienstbar [...].»
>
> **Tischreden**

tenlehre für Lehrer und Pfarrer (und die einzige systematische Darstellung sei-ner Theologie, die der sonst so unvorstellbar produktive Reformator jemals geschrieben hat). Ab Mai lässt er den *Kleinen Katechismus*[291] in einer Art Loseblattsammlung und in der klassisch gewordenen Form von Frage und Antwort folgen, auf Folioblättern, die der Familienvater zu Hause an die Wand hängen und einmal in der Woche zum Gegenstand seines Glaubensunterrichts machen soll.

Alle müssen begreifen, worum es im Christenleben geht: um entschlossenen Glauben, festes Vertrauen und lautere Menschenliebe. Und wenn der kleine Christenmensch die Katechismussätze auswendig lernt, so wird er als Erwachsener – davon

> «Vernunft versteht nicht, daß Christus unser Bruder ist.»
>
> «Kurze Sprüche des Katechismus»

ist Luther überzeugt – selbständig urteilen und Verantwortung übernehmen können. Der *Kleine Katechismus* wird bis zu Luthers Tod 85 Auflagen auf Deutsch, Französisch, Polnisch, Dänisch und Niederländisch erreichen und – abgesehen von seiner Bibelübersetzung – zum meistgelesenen Buch im Deutschen Reich werden.

Die Katechismen fügen sich gut in die Bildungsoffensive, für die vor allem Philipp Melanchthon mit seinen Lehrbüchern, Grammatiken und Schulordnungen steht: 1526 wird das erste evangelische Gymnasium in Nürnberg eröffnet, ein Jahr später die erste protestantische Universität in Marburg – die erste Hochschule Europas, die ohne päpstliche Genehmigung zu arbeiten beginnt. Und dann geht es Schlag auf Schlag: Schulen, Gymnasien, Universitäten, Bibliotheken. Luther fordert die allgemeine Schulpflicht, Bildungsanstalten für Mädchen und auch schon so etwas wie die Berufsschule.

Um den Aufbau der evangelischen Gemeinden in geordnete Bahnen zu lenken, weil *man die Kirchen jetzt im Anfang fleißig bestellen muß* und *viel Pfarren leer stehen, viele mit untüchtigen Personen belastet sind*[292], beginnt er Diakone und Pfarrer zu ordinieren, mit dem ehrwürdigen Ritus der Handauflegung, wie er seit den Aposteln üblich ist. Und erreicht bei Kurfürst Johann dem Beständigen, dass regelmäßige Gemeindevisitationen eingeführt werden, zur Kontrolle von Finanzverwaltung, Armenpflege, aber auch Lehre und Predigt.

Und er schreibt Briefe, Briefe, Briefe, an Gott und die Welt, möchte man sagen, denn manche dieser Briefe klingen wie ein Gebet, andere sind witzig oder voll ungebremster Wut. Warum er denn keinen Sekretär einstelle, fragt man ihn, dessen Herzbeklemmungen, Erschöpfungszustände und Seelenverdüsterungen nicht verborgen bleiben. *Schreiber kann ich nicht halten, denn da würde wieder ein Papsttum draus*[293], gibt er trocken zur Antwort und zeigt damit seine Abneigung gegen einen bürokratischen Kirchenapparat. Wenn es ihm gar zu viel wird, flüchtet er sich in sein Gärtchen, wo er Gemüse zieht und Apfelbäume okuliert; eine kleine Drechslerwerkstatt hat er mangels Begabung schnell wieder aufgegeben.

Da trifft 1530 die Nachricht ein, der ständig irgendwo Krieg führende Kaiser halte sich endlich wieder in Deutschland auf und habe für den 8. April zum Reichstag nach Augsburg geladen. Das ist zwar immer noch nicht das ersehnte Konzil, aber ein guter Ersatz, denn Karls erklärter Wille ist es, die zerstrittenen Religionsparteien angesichts der Bedrohung durch die Türken zu versöhnen. Was freilich eine Herkulesaufgabe darstellt.

Luthers Handschrift: Manuskriptseite aus seiner Bibelübersetzung (Psalm 43)

Kaum haben die reformatorischen Theologen im März 1530 in Torgau eine behutsame Rechtfertigung für die Abschaffung und Änderung mancher römischen Frömmigkeitspraktiken erarbeitet, publiziert der alte Erzfeind Johannes Eck einen Katalog mit exakt 380 protestantischen Irrtümern.

Und Luther mit seiner charismatischen Autorität kann nicht

helfen. Weil er als Geächteter nicht nach Augsburg darf, sitzt er auf der Veste Coburg – an der Südgrenze des Kurfürstentums Sachsen – und ist auf die brieflichen Informationen seiner Getreuen angewiesen. Ja, hier gebe es auch einen Reichstag mit stolzen Herzögen, die *mit unermüdlicher Stimme ihre Beschlüsse und Lehrsätze durch die Luft schmettern*[294], schreibt er mit Galgenhumor an Spalatin und meint die schwarzen Krähen.

Melanchthon gelingt es in zähem Ringen, die verschiedenen Fraktionen der Reformation unter einen Hut zu bringen und ein Kompromisspapier zu redigieren, das zeigen soll: Die Protestanten sind keine wilden Rebellen, sondern stehen auf dem Boden der kirchlichen Tradition, treu dem Evangelium und dem unverfälschten Glauben der Väter. In der später auf dem Reichstag vorgelegten «Confessio Augustana» (Augsburger Bekenntnis) heißt es, «dass bei uns nichts, weder mit Lehre noch mit Zeremonien, angenommen ist, das entweder der Heiligen Schrift oder der allgemeinen christlichen Kirche entgegenstünde. Denn es ist am Tage und öffentlich, dass wir mit allem Fleiß, mit Gottes Hilfe – ohne uns rühmen zu wollen – verhütet haben, dass keine neue und gottlose Lehre in unsere Kirchen eindringe, einreiße und überhand nehme.»[295]

Kurz gesagt: Die reformatorische Lehre ist die gute, alte Lehre der Kirche abzüglich der in Rom eingerissenen Missstände. Damit ist auch Luther völlig einverstanden; er mokiert sich allerdings etwas über Melanchthons behutsam-versöhnlerischen Ton. *Ich habe Magister Philipps Apologie durchgelesen; die gefällt mir sehr wohl, und ich weiß nichts daran zu bessern noch zu ändern. Das würde sich auch nicht einfügen, denn ich kann so sanft und leise nicht treten.*[296]

Hat «Magister Philippus» doch im Bemühen, Rom nicht zu verprellen, auf die Erörterung solcher Reizthemen wie der Stellung des Papstes und der Mittlerfunktion des Priesters verzichtet. Im reformatorischen Lager erhebt sich harsche Kritik an Melanchthon; und sie wird umso lauter, je älter er wird. Man wirft ihm wachsweiches Kompromisslertum vor und die Preisgabe heiliger Grundsätze. Eine Menge Freunde soll er noch verlieren, wenn er sich von Luthers Polemik gegen das Papsttum absetzen und eine kollegiale Kirchenleitung durch die Bischöfe mit einem Ehrenprimat des Papstes zur Diskussion stellen wird.

Interessanterweise ist der päpstliche Legat Thomas Campeggio mehr als die katholischen Reichsstände bereit, den Protestanten entgegenzukommen, denn das vom Kaiser geforderte Konzil scheint der römischen Kurie gefährlicher als Zugeständnisse wie Priesterehe oder Laienkelch. Dass die ersehnte Einigung dennoch ausbleibt, liegt an Scharfmachern auf beiden Seiten, wie Johannes Eck oder Philipp von Hessen, und wohl auch an Kaiser Karl V., der nach dem Urteil der Historiker mit einem nachtragenden Elefantengedächtnis ausgestattet ist: Ungeduldig angesichts des hartnäckigen Widerstands der evangelischen Reichsstände, erkennt er die von Johannes Eck und zwei Dutzend weiteren «altgläubigen» Theologen ausgearbeitete Gegenschrift zur «Confessio Augustana» – trotz der darin durchaus benannten Gemeinsamkeiten – als gültige Widerlegung an, lehnt die Entgegennahme einer neuerlichen Erwiderung Melanchthons ab, fordert die evangelischen Reichsstände auf, sich binnen eines Jahres über die bestehenden Differenzen mit dem Papst zu einigen, und besteht auf dem Vollzug des Wormser Edikts.

Vielleicht macht er sich auch nur weniger Illusionen als andere und sieht klar, dass die neuen Gemeindeverfassungen, Gottesdienstformen und Pfarrerordinationen bereits eine neue Kirchenwirklichkeit geschaffen haben und die Einigung in der Lehre zu spät käme; Praxis zählt im Leben mehr als Theorie.

Martin Luther trägt keine Verantwortung für das Scheitern. Er hat sich zwar – in wachsendem Unmut über seine Isolation – zunehmend in das Geschehen eingemischt: *Ich berste fast vor Zorn und Entrüstung. Ich bitte aber, daß Ihr die Verhandlung abbrecht [...]. Sie haben das Bekenntnis, sie haben das Evangelium. Wenn sie wollen, mögen sie es zulassen; wenn sie nicht wollen, mögen sie gehen, wo sie hingehören. Wird ein Krieg draus, so werde er draus; wir haben genug gebetet und getan.*[297] Doch die Zeit ist bereits über ihn hinweggegangen. Die klassische Formulierung reformatorischer Theologie entsteht weitgehend ohne sein Zutun.

Und er beruhigt sich auch wieder; Melanchthon hat den Gegnern doch wunderschön Paroli geboten, und die evangelischen Reichsstände haben sich so öffentlich und klar wie noch nie zur neuen Lehre bekannt. Gottes Wort wird sich durchsetzen, und die Protestanten auch. Weil sie nach der Kür von Karls Bruder Ferdinand zum römisch-deutschen König – eine kluge Arbeitsteilung, Karl kümmert sich als Kaiser um das riesige Reich, und Ferdinand konzentriert sich auf Deutschland – eine habsburgische Erbmonarchie und vielleicht auch eine gewaltsame Wiederherstellung der religiösen Einheit fürchten, schließen sich die evangelischen Reichsstände 1531 im thüringischen Schmalkalden zu einem militärischen Schutzbündnis zusammen.

Der von Hessen und Sachsen dominierte Schmalkaldische Bund erhebt eine Steuer, um im Bedarfsfall sofort ein Söldnerheer aufstellen zu können, und diskutiert auf den «Bundestagen» theologische Fragen. Man kann es sich leisten, die Aufnahmeanträge Frankreichs und der Schweiz abzulehnen. Denn als die Türken 1532 gegen Österreich marschieren, sieht Kaiser Karl wieder einmal schwach aus. Um die evangelischen Reichsstände für eine Gegenoffensive zu gewinnen, muss er im sogenannten «Nürnberger Anstand» 1532 seinen Frieden mit den Protestanten machen und das Wormser Edikt erneut außer Kraft setzen. Zum ersten Mal in der Geschichte des Deutschen Reiches werden «Ketzer» offiziell anerkannt und von der hohen Politik toleriert. Und dann ist Kaiser Karl V. schon wieder weit weg, in Nordafrika, wo er Tunis von Sultan Suleiman II. zurückerobert, in Italien, wo er auf den – nun mit Suleiman verbündeten – Franzosenkönig trifft, in Spanien, seinem eigentlichen Machtzentrum.

Martin Luther steht der protestantischen Allianz eher skeptisch gegenüber. Er warnt seinen Kurfürsten, *daß solch Bündnis nicht aus Gott, noch aus Vertrauen zu Gott geschieht, sondern aus menschlichem Witz und allein um menschliche Hilfe zu suchen*, was *keine gute Frucht bringen kann*[298]. Denn die Gegenseite werde dadurch nur gereizt, und im Übrigen sei Gott Schutz genug gegen *der Papisten Haufe.*

Über Luther gibt es in seinen letzten Lebensjahren nicht mehr viel zu erzählen – obwohl die abenteuerlichen Verwicklungen in der Kirchenpolitik kein Ende nehmen und die jungen Kirchen der Reformation jede Menge Turbulenzen erleben. Es ist ja noch alles im Fluss. Ein ausgeprägtes konfessionelles Bewusstsein haben die wenigsten Protestanten. Erasmus von Rotterdam erntet für einen 1533 publizierten Aufruf zur maßvollen Reform bei gleichzeitigem Bewahren kostbarer Traditionen großen Beifall. «De amabili

Luther im Jahr vor seinem Tod auf dem Katheder. Zeichnung seines Famulus Reifenstein, 1545. Die Beschriftung stammt von Melanchthon und schließt mit dem Satz «MORTUUS VIVIT», «obwohl gestorben, lebt er».

ecclesiae concordia» heißt das Büchlein sehr poetisch, «Von der liebwerten Eintracht der Kirche».

Auch die politische Spaltung ist noch nicht so ehern und unüberwindbar, wie es aussieht. Protestantische Territorien (unter anderem das Kurfürstentum Sachsen, Hessen, Braunschweig-Lüneburg, Pommern, Preußen, Württemberg und viele große Städte) und altgläubige Kernlande (Bayern, Österreich, Braunschweig-Wolfenbüttel, Kurbrandenburg, das reiche Herzogtum Sachsen und natürlich die geistlichen Territorien) stehen einander zwar deutlich unterschieden gegenüber. Aber im Innern gibt es nicht selten einen konfessionellen Mischmasch, und manchmal wechselt das religiöse Bekenntnis über Nacht mit den herrschenden Personen oder politischen Ausrichtungen. Und Rom ist immer noch seltsam untätig, unterschätzt die Sehnsucht nach dem reinen Evangelium oder will die Brisanz der Lage einfach nicht wahrhaben, weil man sonst Selbstkritik üben müsste. Noch 1532 wird am päpstlichen Hof ernsthaft darüber diskutiert, wie hoch die Bestechungsgelder sein müssten, um dem deutschen Protestantismus den Garaus zu machen.

Vielleicht hofft Rom auch darauf, dass sich Lutheraner, Zwinglianer, Calvinisten, Täufer und Sozialrevolutionäre bald so heillos zerstreiten werden, dass vom kraftvollen Impuls der reformatorischen Anfänge nichts mehr zu spüren sein wird. Geht die Reformation in den oberdeutschen Städten – Straßburg, Konstanz, Ulm, Augsburg – nicht schon längst eigene Wege? Dass sich nach Zwinglis Tod (1531) diese Städte und die Lutheraner wieder annähern, bemerkt man in Rom gar nicht. Als Papst Paul III., ein kraftvoller Praktiker, der vier Kinder hat, aber auch ernsthafte Reformpläne, 1536 endlich ein Konzil nach Mantua einberufen will, verweigern sich nun plötzlich die unvorbereiteten Protestanten und auch noch der König von Frankreich, weil er dem Kaiser den großen Auftritt nicht gönnen will.

Doch zurück zu Luther. Er ist – außer mit seiner neuen Würde als Familienvater – immer noch mit Gemeindestrukturen und Ämterfragen, Gottesdienstordnungen und Eherecht beschäftigt. Er wirkt jetzt nach innen, als Primus inter Pares unter den Reformatoren, er ist ins Glied zurückgetreten. Als ihn Kurfürst Johann Friedrich 1536 um eine Stellungnahme zum päpstlichen Konzilsplan ersucht, um eine Darlegung seiner gesamten Lehre, wie er das auch auf einem Konzil tun würde, klingt das wie die Einladung, sein theologisches Testament zu machen. Luther verfasst folgsam die sogenannten *Schmalkaldischen Artikel*[299], *darauf ich stehen muß und stehen will bis in meinen Tod*[300] – und muss erleben, dass die protestantischen Reichsstände erklären, eigentlich benötige man nach der «Confessio Augustana» gar keine neue Bekenntnisschrift mehr.

Vielleicht ist ihnen der Stil dieses Testaments auch gar zu unversöhnlich. *Tyrannei*[301] wirft Luther dem Papst vor, *nichts als teuflische Geschichte und Geschäft*[302]. Dabei sollten die Christen doch *nicht unter ihm als einem Herrn, sondern neben ihm als Brüder und Gesellen*[303] einträchtig in Glaube, Gebet und Werken der Liebe zusammenleben, mit Christus als einzigem Haupt. *Also sind und bleiben wir ewig geschieden und gegeneinander.*[304]

Der alternde Reformator durchlebt ein Wechselbad der Empfindungen. Er fühlt sich oft krank, ausgebrannt und sehr müde. In solchen Zeiten wartet er elegisch auf den *lieben Jüngsten Tag*[305]; er sei ja *von keinem Nutzen mehr*, und nun bleibe nichts mehr übrig als *das Beiseiteschieben des Vorhangs und die Lösung des Rätsels.*[306] Dann beginnt er wieder wie ein Besessener zu schreiben, Briefe, Statements, Mahnungen, Streitschriften wie *Von den Konzilen und der Kirche*[307] (1539), mit dem enttäuschten Resümee, der Papst halte dem Kaiser das Konzil wie einem Hund ein Stück Brot hin, um ihm beim Zuschnappen auf die Schnauze zu schlagen, und überhaupt sei die Einheit der Kirche noch nie durch ein Konzil bewirkt worden, sondern nur durch das Hören auf Gottes Wort.

Jetzt klingt er oft sehr ernüchtert. Die Leute wollen anscheinend gar nichts von Christus wissen, klagt er, ihr ewiges Geschick ist ihnen gleichgültig. *Hat jemand einen Hut voll Taler, machen ihn die so stolz, daß er nicht weiß, ob er auf dem Kopf oder auf den Füßen gehen soll. Sagt man ihm aber von Christus, so spricht er: Was ist das? Ei, so schlage auch Tod, Donner und Blitz in die Welt, daß man […] so schlafen will! […] Sie sagen: Was, Zeugnis! Was, Evangelium! Was, Christus! Hätten wir Joachimstaler und schöne Weiber!*[308] Nach so vielen Jahren Predigt und Seelsorge bleibt ihm nur das Fazit: *Die Welt ist wie ein trunkener Bauer. Hebt man ihn auf einer Seite in den Sattel, so fällt er zur andern wieder herab. Man kann ihr nicht helfen, man stelle sich wie man wolle. Sie will des Teufels sein.*[309]

Abweichler behandelt er hart und hochmütig. Der schlesische Aristokrat Caspar Schwenckfeld von Ossig vertritt die Auffassung, die wahre, unsichtbare christliche Kirche der frommen Mystiker sei sowohl unter Romtreuen als auch unter Lutheranern und Zwinglianern anzutreffen und Christus werde die Seinen am Ende der Zeiten schon herausfinden. Dieser *Schweinsfeld* oder *Stinkfeld*, höhnt Luther, sei bloß ein *Narr*, aus dem der Teufel seine Gedanken herausspeit.[310] Zur esoterischen Spielart der Reformation gehört auch der ehemalige evangelische Pfarrer Sebastian Franck, der als Schriftsteller und Buchdrucker pointiert eigenständige Meinungen verbreitet und eine vom «inneren Wort» geleitete Geistkirche ohne Bibel und Sakramente propagiert. Mit ihm ist

Luther im Handumdrehen fertig: Wer ein Buch dieser *Arschhummel* mit Lust liest, *der kann keinen gnädigen Gott haben.*[311]

Aggressiv, maßlos, störrisch, nachtragend erscheint der alte Luther, von Feindbildern besessen, vom Verfolgungswahn gehetzt, ein hasserfüllter Demagoge: Die Papstkirche sei *voller Teufelslügen, Abgötterei, [...] Dieberei, Seelenmörderei,* dem *ewigen höllischen Feuer* geweiht. *Bis dahin sollen sie keine Kirche, sondern des Teufels Schule sein und heißen [...].*[312]

Und dann widerspricht er plötzlich ganz erschrocken dem Gerücht, er sei ein auserwählter Prophet Gottes – *welche nun an Christum glauben, die sind alle Propheten*[313] –, und lässt mitten in dem ganzen aufgeregten Glaubensgezänk einen versöhnlerischen Ton anklingen, 1540 in einem Tischgespräch: *Wenn der Papst seine Krone absetzt und von seinem Thron heruntersteigt und auf den Primatsanspruch verzichtet und bekennt, daß er geirrt und die Kirche verdorben und unschuldiges Blut vergossen habe, dann wollen wir ihn in der Kirche aufnehmen.*[314]

1540 in Worms und dann 1541 in Regensburg ist auch beinahe die Einigung zwischen den Konfessionen gelungen. Hochkarätig besetzte Delegationen unter Melanchthon und Johannes Eck verständigen sich über die Gnadentheologie, über die Willensfreiheit, ja sogar über die Rechtfertigungslehre[315] – doch es ist wie verhext, Luther und der Papst erteilen den schönen Kompromissformeln eine Abfuhr. Und das, obwohl Kaiser Karl V. den päpstlichen Legaten Gasparo Contarini zur Großzügigkeit drängt: Man solle doch zuerst die Gemeinsamkeiten sammeln und sich dann erst den noch verbliebenen Differenzen widmen.

Im Jahr zuvor ist Luther ein schlimmer Fauxpas unterlaufen: Philipp von Hessen, der politische Führer des reformatorischen Lagers, heiratet die junge Margarete von der Saale, mit dem Segen Luthers und Melanchthons. Die Sache hat nur einen Schönheitsfehler: Philipp ist bereits verheiratet, mit der Tochter des streng katholischen Herzogs von Sachsen, mit der er sieben Kinder hat und die ihm immer treu gewesen ist; für eine päpstliche Ehedispens gibt es also keinen Grund.

Luther, von Philipp als Beichtvater um Rat gefragt, dreht und windet sich auf peinliche Weise. Nein, Bigamie sei trotz mancher Beispiele in den frühen Erzählungen der hebräischen Bibel nicht erlaubt. Nur im äußersten Notfall sei eine solche Nebenehe mit einem Hoffräulein zu tolerieren, als Alternative zur hemmungslosen Hurerei mit einem ganzen Harem – Philipp hat über seinen starken Trieb geklagt –, aber er müsse sie im Gewissen vor Gott verantworten können, und vor allem dürfe sie nicht publik werden. Die Öffentlichkeit werde Margarete dann eben für eine junge Geliebte halten, und das sei bei den Herren Fürsten ja ganz normal.

Natürlich bleibt die Geschichte nicht geheim. Luther hat sich mit seinem merkwürdigen Rat – Bigamie ist eigentlich verboten, aber im Geheimen vielleicht doch manchmal erlaubt – unsterblich blamiert, und der Fürst ist erpressbar geworden. Im Reichsrecht steht auf Bigamie die Todesstrafe. Ausgerechnet der Führer des Schmalkaldischen Bundes muss sich jetzt mit einem Stillhalteabkommen die Gnade des Kaisers erkaufen.

Während in Rom nun endlich die «Gegenreformation» beginnt, während der neugegründete Jesuitenorden die Seelsorge erneuert, das soziale Bewusstsein im Katholizismus schärft und für eine anspruchsvolle Priesterausbildung sorgt, während Paul III. 1545 die Repräsentanten der Weltkirche zum Konzil nach Trient ruft (um einem vom Kaiser dominierten Konzil auf deutschem Boden zuvorzukommen), geht in Wittenberg Luthers funkelndes und inspirierendes Leben zu Ende. Das Konzil, das von 1545 bis 1563 in drei Sitzungsperioden tagt, rettet die katholische Kirche, indem es eine ernsthafte innere Erneuerung einleitet – die Spaltung kann es nicht mehr rückgängig machen. Die Protestanten sind gar nicht erst eingeladen. Der Papst höchstpersönlich verhindert eine plakative Verurteilung Luthers, fordert aber gleichzeitig den Kaiser brieflich auf, nun endlich konsequent gegen den Ketzer vorzugehen.

Was Luther natürlich in höchste Rage bringt. Unter dem Titel *Wider das Papsttum zu Rom, vom Teufel gestiftet*[316] schleudert er einen letzten Bannfluch gegen seinen Widersacher und wirft ihm vor, durch *gotteslästerliche, falsche und spitzbübische Auslegung*[317] des Evangeliums sich selbst zum Herrn der Kirche zu machen, zum *Felsenmann*, während der wahre Fels der Kirche doch Christus sei. *Der Papst meint wohl, der heilige Geist sei an Rom gebunden. […] Ja, die Briefe und Siegel möchte ich gern sehen!*[318] Was Luther dagegen

Am 18. Februar 1546 starb Martin Luther in Eisleben – und zwar nicht, wie man lange Zeit annahm, in der weltbekannten, 1863–68 historisierend sanierten Luthergedenkstätte am Andreaskirchplatz (linkes Bild), sondern im Stadtschloss der Mansfelder Grafen am Markt 56 (rechts). Das fanden die Forscher erst 2004 heraus.

während einer schweren Harnsteinattacke 1537, die ihn an den Rand des Grabes brachte, gegen Rom geäußert haben soll, ist nicht mit letzter Sicherheit belegt: *Pestis eram vivens, moriens ero mors tua, Papa!*[319] (Bleibe ich am Leben, werde ich deine Pest sein, sterbe ich, werde ich dein Tod sein, Papst!)

Als sich der Tod, dem er so oft schon ins Auge geblickt hat, jetzt wirklich unerbittlich nähert, ist Martin Luther ganz ruhig. Mit seinem derben Humor kündigt er zwei Tage vor dem Sterben an, nun wolle er sich *in den Sarg legen und den Maden einen feisten Doktor zu essen geben*[320]. Er hat keine Angst mehr vor Teufel und Hölle, hat ihm doch Gott seinen *lieben einzigen Sohn* und die Sakramente der Kirche geschickt und das ewige Leben versprochen, *denn du kannst nicht lügen.*[321]

Die Bibel sei *ein ungeheures Wunder*, bekennt er in seiner letzten schriftlichen Aufzeichnung. *Du versuche nicht, diese göttliche Aeneis zu erforschen, sondern bete gebeugt ihre Spuren an. Wir sind Bettler, das ist wahr.*[322]

Martin Luther stirbt am 18. Februar 1546 um drei Uhr mor-

gens mit 62 Jahren, vermutlich an einem Herzinfarkt, in seiner Geburtsstadt Eisleben. Hier hat er komplizierte Erbschaftsstreitigkeiten in der Familie des Grafen von Mansfeld schlichten wollen. Mit Trauerkondukt und Ehrengarde wird der Sarg nach Wittenberg geleitet, wo die Todesnachricht schon am 19. Februar eingetroffen ist. Ein Eilbote überbringt sie Philipp Melanchthon, der im Hörsaal gerade den Römerbrief auslegt. Dem Freund versagt die Stimme; endlich gelingt es ihm doch, den Studenten Luthers Tod zu vermelden, mit einem Bibelzitat: «Ach, obiit auriga et currus Israel!»[323] – «Der Wagenlenker Israels ist dahin gegangen» (2 Kön 2,12). Das war der Kommentar des jungen Propheten Elischa, als er seinen Lehrer Elija auf einem feurigen Wagen im Wirbelsturm gen Himmel fahren sah.

Als nach Luthers Tod der Bürgerkrieg der Religionsparteien ausbricht, der Schmalkaldische Bund zunächst unterliegt und das kaiserliche Heer in Wittenberg einzieht, verzichtet Karl V. darauf, den Reformator aus dem Grab zu holen und zu verbrennen, wie ihm fanatische Anhänger Roms nahegelegt haben. Er kämpfe gegen Lebende, nicht gegen Tote, erklärt er mit großer Geste. Karl sieht wohl schon voraus, wie oft sich das Glück in diesem Dauerzwist noch wenden wird. 1552 muss der Kaiser vor einer protestantischen Armee flüchten, die vom französischen König finanziert und von katholischen Fürsten in Bayern und im Rheinland toleriert wird – weil er seinen Sohn Philipp zum Nachfolger machen will, ohne auf die verbrieften Rechte der Reichsstände zu achten.

Auch sein Bruder Ferdinand – der seinen eigenen Sohn Maximilian übergangen sieht – rührt keine Hand und vereinbart mit den Evangelischen stattdessen die gegenseitige Duldung der Konfessionen. Im Augsburger Religionsfrieden [324] von 1555 erlangen die Lutheraner endgültig die rechtliche Gleichstellung mit den Katholiken, während Täufer, Calvinisten, französische Hugenotten weiterhin verfolgt werden dürfen.

Gescheitert sind damit nicht nur Karls Visionen von einem sakralen Imperium unter einem gemeinsamen Glaubensdach, sondern auch Luthers Träume von einer Erneuerung der römischen Weltkirche. Stattdessen wird der Status quo festgeschrieben – und die Glaubensentscheidung nach dem Grundsatz «Cuius regio, eius religio» (wessen das Land, dessen die Religion) an den jeweiligen Landesfürsten delegiert. Wer eine abweichende religiöse Meinung vertritt, muss auswandern. Immerhin beschert der Augsburger Kompromiss den beiden führenden Konfessionen in Deutschland sechzig Jahre Frieden. Dreißig Jahre dauert dann der verheerende Krieg, an dessen Ende im Westfälischen Frieden von 1648 eine dritte Konfession, die reformierte, offiziell anerkannt wird.

Die den Kern zu meinen Lebzeiten nicht wollen, hat Martin Luther einmal bei Tisch prophezeit, *werden die Schale verehren, wenn ich tot bin, das heißt den Namen.* [325] Tatsächlich bringt die von ihm ausgelöste und entscheidend geprägte Bewegung keine zur ursprünglichen Frische zurückgekehrte, strahlend runderneuerte Christenheit hervor, sondern die lutherische Orthodoxie und das landesherrliche Kirchenregiment. Aus dem neugierig beschrittenen Weg ist ein unverrückbarer Standpunkt geworden. Nach wie vor ist es nicht das reine Evangelium, das befreit und Heilsgewissheit schenkt, sondern die Institution Kirche, auch wenn sie keinen Papst mehr kennt.

Luther auf dem Totenbett. Zeichnungen wie diese von Lukas Furtenagel sollten zeigen, dass der Reformator friedlich zu Gott hinübergegangen und nicht, wie von fanatischen Gegnern behauptet, in tobender Verzweiflung gestorben war. Es wurde sogar kolportiert, Luther habe sich am Bettpfosten erhängt.

Unter der Asche glimmt das Feuer freilich weiter: Die Bibel verkommt keineswegs immer und überall zum Lehrbuch, und Luther vermag auch noch vom Denkmalsockel herab zu provozieren. Evangelischer Freimut, eine am Gewissen geschulte Verantwortungsethik, eine Kultur des Widerstands gegen menschenverachtende Obrigkeiten gehören zum Luthertum genauso wie die Versuchung zur weltfremden Innerlichkeit, zum Duckmäusertum und zum Kuschen vor Autoritäten.

Luthers Reformation: eine Vision, die noch einzulösen ist. Beim Reformationsfest 1932 in Berlin gab der junge Theologiedozent und spätere Verschwörer Dietrich Bonhoeffer zu bedenken, der Sinn dieses Tages sei es nicht, zu feiern, sondern zu protestieren, vielleicht auch den «Protest Gottes gegen uns» zu hören: «Laßt dem toten Luther endlich seine Ruhe und hört das Evangelium, lest seine Bibel, hört hier das Wort Gottes selbst. Gott wird uns am Jüngsten Tage gewiß nicht fragen: habt ihr repräsentative Reformationsfeste gefeiert? sondern: habt ihr mein Wort gehört und bewahrt?»[326]

Bei Künstlern ist er immer noch ein beliebtes Motiv: «Martin Luther inwendig voller Figur». Aquarellzeichnung von Michael Mathias Prechtl, 1983. «Ein guter Maler ist inwendig voller Figur», hatte Albrecht Dürer festgestellt. In Luther besiegt Christus durch sein Sterben aus Liebe die Mächte der Finsternis.

Bei der späten Verwirklichung von Luthers Visionen ziehen die Konfessionen inzwischen an einem Strang. Obwohl es in den konfessionellen «Milieus» immer noch Fremdheit und Misstrauen gegenüber der anderen Seite gibt, werden Luthers Motive und Forderungen zunehmend als legitim und bereichernd für die ganze Christenheit anerkannt. Auf dem von Ghettodenken und Kampfmentalität bestimmten Ersten Vatikanischen Konzil 1870/71 wagte der kroatische Bischof Josip Strossmayer ein einziges Mal den Namen Luther zu nennen – und wurde als «Abtrünniger» niedergeschrien. Als auf dem Zweiten Vatikanischen Konzil 1962–1965 dasselbe geschah, klatschten viele Bischöfe freundlich Beifall. Kernanliegen der Reformation, wie die Unterordnung der kirchlichen Autorität unter die Bibel, die Achtung vor dem individuellen Gewissen, die bischöfliche Kollegialität als Gegengewicht zum römischen Zentralismus, die Aufwertung des Laien in der Kirche und der Mahlcharakter der Messfeier, machten sich die Katholiken spätestens jetzt dankbar zu eigen.

Am Reformationsfest 1999 unterzeichneten Vertreter des Lutherischen Weltbundes und des Päpstlichen Rates zur Förderung der Einheit der Christen an symbolträchtiger Stätte, in Augsburg, eine Gemeinsame Erklärung zur Rechtfertigungslehre, in der ein erfreulicher «Konsens in Grundwahrheiten» festgestellt wird: «Rechtfertigung geschieht allein aus Gnade.» Die sogenannten guten Werke, also ein christliches Leben in Glaube, Hoffnung und Liebe, seien «Früchte der Rechtfertigung».[327] Ein knappes Jahr später irritierte die vatikanische Kongregation für die Glaubenslehre unter Kardinal Joseph Ratzinger die Freunde des ökumenischen Dialogs allerdings mit der Einschätzung, «Kirchen im eigentlichen Sinne»[328] seien die Gemeinschaften der Reformation nicht.

Fünf Jahre später wurde der Chef der Glaubensbehörde zum Papst gewählt. Und flugs machten Spekulationen die Runde, der erste deutsche Papst seit dem tragisch gescheiterten Reformer Hadrian VI. werde – möglicherweise bei einem Besuch in Wittenberg oder auf der Wartburg – seinen Landsmann Martin Luther rehabilitieren und erklären, der Reformator habe die Kirche nicht spalten, sondern nur reinigen wollen.

ANMERKUNGEN

Die verwendeten Siglen häufig zitierter Werke werden in der Bibliographie S. 152–157 aufgelöst.

1 LD 5, S. 83
2 LD 4, S. 57
3 ISERLOH, S. 27
4 Details bei Rudolf Bentzinger: Zur spätmittelalterlichen deutschen Bibelübersetzung. Versuch eines Überblicks, in: Irmtraud Rösler (Hg.): «Ik lerde kunst dor lust.» Ältere Sprache und Literatur in Forschung und Lehre. Festschrift Christa Baufeld (Rostocker Beiträge zur Sprachwissenschaft 7). Rostock 1999, S. 29–41
5 LD 8, S. 34
6 WA TR 5, Nr. 6250
7 Ebd., Nr. 5362
8 Vgl. FUNDSACHE, S. 68 f.
9 WA TR 3, Nr. 3566
10 WA TR 2, Nr. 1559
11 WA TR 2, Nr. 1658
12 LD 10, S. 203
13 Preserved Smith: Luther's Early Development in the Light of Psychoanalysis, in: American Journal of Psychology, XXIV (1913), S. 360–377; hier: S. 362
14 ERIKSON, S. 17
15 LD 9, S. 197
16 Ebd., S. 199
17 Ebd.
18 WA TR 4, Nr. 4707
19 WA TR 2, Nr. 2286
20 LD 2, S. 324
21 Ebd.
22 Ebd.
23 Viele Anhaltspunkte und Vermutungen, aber keine konkreten Beweise liefert Dietrich Emme: Martin Luther. Seine Jugend- und Studentenzeit 1483–1505. Bonn 1981. Vgl. auch ders.: Martin Luthers Weg ins Kloster. Eine wissenschaftliche Untersuchung in Aufsätzen. Regensburg 1991

24 WA TR 3, Nr. 3556 A
25 Johannes Cochläus: Commentaria de actis et scriptis Martini Lutheri. Mainz 1549, zit. bei SCHEEL, S. 201
26 WA 47, S. 90
27 WA 1, S. 557
28 WA 47, S. 590
29 LD 10, S. 11
30 WA TR 6, Nr. 6669
31 WA TR II, Nr. 2318 a
32 LEPPIN, S. 85
33 WA 1, S. 557
34 WA 34 / 2, S. 148. Vgl. Henrik Otto: Vor- und frühreformatorische Tauler-Rezeption. Annotationen in Drucken des späten 15. und 16. Jahrhunderts (Quellen und Forschungen zur Reformationsgeschichte 75), Gütersloh 2003
35 LD 10, S. 18
36 WA TR 2, Nr. 2800 b
37 LD 1, S. 396
38 LD 1, S. 23
39 Ebd., S. 28
40 Belege bei Gabriele Schmidt-Lauber: Luthers Vorlesung über den Römerbrief 1515 / 16. Ein Vergleich zwischen Luthers Manuskript und den studentischen Nachschriften (Archiv zur WA 6). Weimar 1999
41 LD 1, S. 114
42 Ebd., S. 120 f.
43 Vgl. Schmidt-Lauber: Luthers Vorlesung über den Römerbrief 1515 / 16 (Anm. 40)
44 Der Ausdruck geistert durch die gesamte Luther-Literatur, obwohl er sein geistiges Schlüsselerlebnis nur ein einziges Mal im Wittenberger Klosterturm lokalisiert: WA TR 3, Nr. 3232 a
45 WA TR 2, Nr. 1681
46 WA TR 4, Nr. 4192
47 LD 2, S. 19 f.
48 Johannes Chrysostomus: An die Neugetauften zum Osterfest. Zit. in: Quellen geistlichen Lebens. Die Zeit der Väter. Hg. von Wilhelm Geerlings und Gisbert Greshake. Mainz 1980, S. 96

49 Wolfgang Beinert: Der theologische Grundansatz Luthers, in: FOLGEN, S. 9–28; hier: S. 18

50 WA 16, S. 217

51 LD 1, S. 173

52 PESCH, S. 219

53 So hat es Friedrichs Sekretär Spalatin errechnet. Vgl. Hartmut Kühne: Ablassfrömmigkeit und Ablasspraxis um 1500, in: FUNDSACHE, S. 36–47; hier: S. 46

54 LD 2, S. 23

55 Ebd., S. 32–82

56 WA Br 1, S. 122

57 LD 2, S. 32

58 Ebd., S. 56

59 Ebd., S. 33

60 Ebd., S. 58

61 Ebd., S. 13

62 Ebd., S. 24

63 Ebd., S. 83–87

64 Ebd., S. 40

65 Vgl. Hermann Wiesflecker: Kaiser Maximilian I. Das Reich, Österreich und Europa an der Wende zur Neuzeit, Band IV. München 1981, S. 430

66 Ulrichi Hutteni, equitis Germani, opera quae reperiri potuerunt omnia. Hg. von Eduard Böcking, Band I. Leipzig 1859, S. 217

67 MOELLER, S. 47

68 WA 12, S. 220

69 LD 2, S. 87

70 LD 1, S. 391

71 WA 56, S. 371

72 LD 10, S. 24

73 PESCH, S. 89

74 LD 10, S. 25

75 LD 2, S. 88–91

76 Ebd., S. 88; S. 90

77 Ebd., S. 91

78 Ebd., S. 81

79 QUELLEN, S. 118

80 Decretum magistri Gratiani I, Dist. XL, cap. 6. Hg. von Emil Friedberg (Corpus iuris canonici, Band 1), Nachdruck Graz 1959, Sp. 146

81 WA 2, S. 9

82 LD 10, S. 48 f.

83 Cajetan: Opuscula. Lyon 1575. Zit. bei BAYER, S. 77

84 LD 10, S. 50

85 Ebd., S. 51

86 WA 7, S. 87

87 WA Br 1, S. 290

88 WA 2, S. 436–618

89 Ebd., S. 448

90 LD 10, S. 56

91 So der katholische Luther-Spezialist Otto Hermann Pesch beim Sechsten Internationalen Kongress für Lutherforschung 1983: ERFURT, S. 128

92 LD 10, S. 57

93 QUELLEN, S. 153–161

94 In Auszügen: LD 2, S. 157–170

95 Ebd., S. 160

96 Ebd., S. 160 f.

97 Ebd., S. 157

98 Ebd., S. 168

99 Ebd., S. 166 f.

100 In Auszügen: LD 2, S. 171–238

101 Ebd., S. 178

102 Ebd., S. 251–274

103 Ebd., S. 251

104 Ebd., S. 256

105 Ebd., S. 266 f.

106 Ebd., S. 255

107 Ebd., S. 239–250

108 Ebd., S. 239 ff.

109 Ebd., S. 247 f.

110 QUELLEN, S. 162–169

111 Ebd., S. 164 ff.

112 LD 10, S. 79

113 WA 6, S. 629

114 «Warum des Papstes und seiner Jünger Bücher von Doktor Martin Luther verbrannt sind»: LD 2, S. 275–286

115 Ebd., S. 285

116 Deutsche Reichstagsakten, Jüngere Reihe. II. Band. Gotha 1896, Nachdruck Göttingen 1962, S. 526

117 LD 10, S. 84

118 WA 7, S. 838

119 QUELLEN, S. 176 f.

120 Ebd., S. 177–183; LD 2, S. 294–311

121 LD 2, S. 306 ff.

122 ERIKSON, S. 256

123 LD 10, S. 90

124 BORNKAMM, S. 285

125 «Ein Sendbrief vom Dolmetschen»: LD 5, S. 85
126 WA 12, S. 444
127 LD 8, S. 36
128 Ebd., S. 72
129 Ebd., S. 185 ff.
130 Ebd., S. 246
131 WA 26, S. 422
132 WA 10, I / 1, S. 63
133 LD 9, S. 12
134 LD 5, S. 9
135 Ebd., S. 13
136 Ebd., S. 10
137 LD 2, S. 327
138 LD 10, S. 106 f.
139 Ebd., S. 108 f.
140 Zit. bei MANNS, S. 148
141 LD 10, S. 118
142 Zur Basisinformation über Luthers Freunde und Rivalen vgl. Veit-Jakobus Dieterich: Die Reformatoren. Reinbek 2002
143 WA 18, S. 626 f.
144 Brief an seinen Vater von der Wartburg, LD 2, S. 329
145 Deutsche Reichstagsakten, Jüngere Reihe. III. Band. Gotha 1901, Nachdruck Göttingen 1963, S. 397
146 LD 6, S. 102
147 Encomion musices (Luthers lateinische Vorrede zu den «Symphoniae iucundae» des Wittenberger Verlegers und Komponisten Georg Rhau, 1538); zit. nach Walter Blankenburg: Überlieferung und Textgeschichte von Martin Luthers «Encomion musices», in: Lutherjahrbuch 1972, hg. von Helmar Junghans, S. 80 – 104; hier: S. 92 f.
148 EDEL, S. 92
149 LD 6, S. 247
150 Gerhard Hahn: Luthers Lieder. Vielfalt und Einheit, in: FOLGEN, S. 73 – 85; hier: S. 83
151 LD 6, S. 292 ff.
152 Ebd., S. 251
153 Ebd., S. 284
154 Ebd., S. 287 ff.
155 Ebd., S. 259 f.
156 Ebd., S. 285 f.
157 LD 9, S. 99
158 LD 8, S. 12 f.
159 Ebd., S. 231
160 WA 36, S. 396
161 Ebd., S. 424 f.
162 WA 46, S. 683 f.
163 WA 48, S. 169
164 LD 1, S. 15 f.
165 LD 10, S. 206 f.
166 Der Große Katechismus: LD 3, S. 85
167 Ebd., S. 92
168 LD 2, S. 257 f.
169 Ebd., S. 180
170 WA 3, S. 397
171 TROELTSCH, S. 438
172 Ebd., S. 440
173 Von den guten Werken (1520): LD 2, S. 96
174 Vorlesung über den Römerbrief (1515 / 16): LD 1, S. 220
175 LD 2, S. 105
176 LD 1, S. 392
177 LD 3, S. 339 f.
178 D. Martin Luther: Biblia, das ist: Die gantze Heilige Schrifft: Deudsch, Wittenberg 1545. Vgl. Martin Schloemann: Die zwei Wörter. Luthers Notabene zur «Mitte der Schrift», in: Luther 65 (1994), S. 110 – 123
179 WA 2, S. 490
180 Ebd., S. 495
181 WA 39 / I, S. 521 f.
182 LD 8, S. 75 f.
183 WA 12, S. 482
184 LD 2, S. 182
185 WA 2, S. 430
186 LD 3, S. 366
187 LD 2, S. 160
188 Zu dieser Sprachregelung vgl. WOHLFEIL, v. a. S. 7 – 55, 80 – 107
189 Karl Marx: Zur Kritik der Hegelschen Rechtsphilosophie. Einleitung, in: Karl Marx/Friedrich Engels: Werke [MEW], Band 1. Berlin-Ost [5]1964, S. 378 – 391; hier S. 386
190 Friedrich Engels: Zum «Bauernkrieg», in: MEW, Band 21. Berlin-Ost 1962, S. 402 f.
191 LD 9, S. 184
192 Ebd., S. 189

193 LD 7, S. 9–51
194 Ebd., S. 9 f.
195 Ebd., S. 10
196 Ebd., S. 15 f.
197 Ebd., S. 37
198 Die zwölf Artikel der Bauern 1525. Kritisch hg. von Alfred Götze, in: Historische Vierteljahrsschrift 5 (1902), S. 1–33; Auszug in: QUELLEN, S. 254–260
199 LD 7, S. 162–197
200 Ebd., S. 163 f.
201 Ebd., S. 170
202 Ebd., S. 171 f.
203 Ebd., S. 176
204 Ebd., S. 191–198
205 Ebd., S. 191
206 Ebd., S. 191 f.
207 Ebd., S. 197
208 LD 10, S. 152
209 LD 7, S. 201–225
210 Ebd., S. 224
211 LD 7, S. 185
212 Ebd., S. 177
213 Ebd., S. 188
214 Ebd., S. 16
215 Predigt am zweiten Weihnachtstag: LD 8, S. 54
216 Ebd., S. 54 f.
217 «Von Kaufshandlung und Wucher» (1523): LD 7, S. 263–283
218 Ebd., S. 266
219 Ebd., S. 281
220 LD 9, S. 179
221 WA 19, S. 78
222 WA 41, S. 410
223 WA 1, S. 449
224 Vgl. Klaus Deppermann: Judenhaß und Judenfreundschaft im frühen Protestantismus, in: Bernd Martin / Ernst Schulin: Die Juden als Minderheit in der Geschichte. München 1981, S. 110–130; hier: S. 110
225 Vgl. WA 11, S. 315
226 WA 53, S. 449
227 Die Oxforder Dozentin Eva Schultze-Berndt, die bereits etliche antijüdische Textvarianten in den verschiedenen Ausgaben der Lutherbibel als Fälschungen entlarvt

hat, äußert auch Zweifel an der Echtheit dieser Schrift; vgl. Monika Beck: Ist Luthers «Juden»-Schrift eine Fälschung?, in: Aufbau (New York) vom 1. Januar 1993. Diese Forschungen sind allerdings noch nicht über das Anfangsstadium hinaus gediehen.
228 Zit. nach MANNS, S. 219
229 LD 7, S. 95
230 WA Br 9, S. 491 f.
231 WA 30 / II, S. 114
232 LD 7, S. 113
233 Libellus de ritu et moribus Turcorum ante LXX. Annos aeditus, cum praefatione Martini Lutheri. Wittenberg 1530. Deutsche Übersetzung von Reinhard Klockow: Georgius de Hungaria, Tractatus de moribus, condicionibus et nequicia Turcorum (Schriften zur Landeskunde Siebenbürgens 15). Köln 1993. Luthers Vorwort auch in WA 30 / II, S. 205–208
234 Verlegung des Alcoran Bruder Richardi Prediger Ordens, Wittenberg 1542. Kommentierte lateinisch-deutsche Ausgabe von Johannes Ehmann: Ricoldus de Montecrucis, Confutatio Alcorani (Corpus Islamo-Christianum, Series Latina 6). Würzburg 1999. Luthers Übersetzung: WA 53, S. 272–396
235 WA 53, S. 272
236 Vgl. Hartmut Bobzin: Der Koran im Zeitalter der Reformation. Studien zur Frühgeschichte der Arabistik und Islamkunde in Europa (Beiruter Texte und Studien 42). Beirut 1995
237 WA Br 10, S. 162
238 WA 53, S. 569–572
239 WA 54, S. 58 f.
240 Ebd., S. 48 f.
241 LD 7, S. 111 f.
242 LD 10, S. 97
243 Ebd., S. 156
244 Ebd., S. 163
245 Vgl. WA TR 1, Nr. 55
246 LD 9, S. 278
247 LD 10, S. 175

248 Ebd., S. 198
249 LD 7, S. 297 f.
250 LD 2, S. 227
251 WA 12, S. 94
252 WA 10/II, S. 156
253 WA Br 3, S. 635
254 LD 10, S. 185
255 Ebd., S. 189
256 Ebd., S. 176
257 Ebd., S. 289
258 LD 9, S. 264
259 WA Br. 2, S. 334
260 LD 10, S. 18
261 Ebd., S. 219
262 LD 9, S. 244
263 Vgl. WA Br 1, S. 530
264 LD 9, S. 216
265 LD 2, S. 341 ff.
266 Ebd., S. 354
267 Ebd., S. 363
268 LD 3, S. 11
269 LD 5, S. 82
270 LD 9, S. 168
271 Zit. bei Otto Hermann Pesch: «Ketzerfürst» und «Vater im Glauben». Die seltsamen Wege katholischer «Lutherrezeption», in: KETZER, S. 123–174; hier: S. 125
272 WA Br 2, S. 372
273 WA 8, S. 685
274 LD 1, S. 16
275 Ebd., S. 17
276 LD 9, S. 154
277 An Kurfürst Friedrich den Weisen: LD 10, S. 115
278 LD 5, S. 83
279 WA 38, S. 271
280 LD 10, S. 29
281 WA Br 4, S. 226
282 Ebd., S. 272
283 WA 46, S. 312
284 LD 9, S. 70
285 Ebd., S. 85
286 LD 7, S. 339
287 LD 9, S. 49
288 Auszüge aus der Appellation der evangelischen Reichsstände: QUELLEN, S. 349–353
289 LD 9, S. 33
290 LD 3, S. 11–150

291 LD 6, S. 138–159
292 LD 10, S. 276
293 WA Br 8, S. 136
294 LD 10, S. 199
295 Vorrede zur Confessio Augustana: QUELLEN, S. 373–379; hier: S. 379
296 LD 10, S. 202
297 Ebd., S. 218
298 Ebd., S. 193
299 LD 3, S. 335–367
300 Ebd., S. 367
301 Ebd., S. 336
302 Ebd., S. 347
303 Ebd., S. 346
304 Ebd., S. 342
305 WA Br 9, S. 175
306 LD 10, S. 294
307 In Auszügen: LD 6, S. 22–43
308 LD 8, S. 33
309 LD 9, S. 211
310 WA Br 4, S. 316
311 WA 54, S. 175
312 LD 2, S. 27
313 WA 14, S. 29
314 LD 9, S. 133
315 Vgl. QUELLEN, S. 411–415
316 In Auszügen: LD 2, S. 337–365
317 Ebd., S. 340
318 Ebd., S. 359
319 WA 35, S. 597
320 LD 9, S. 289
321 Ebd.
322 LD 10, S. 341
323 OBERMAN, S. 16
324 QUELLEN, S. 471–485
325 LD 9, S. 129
326 Predigt zur Apokalypse 2, 4 f. 7, in: Dietrich Bonhoeffer Werke. Hg. von Eberhard Bethge u. a. 12. Band, Gütersloh 1997, S. 423–431; hier: S. 426
327 Pressemitteilung der Evangelischen Kirche in Deutschland vom 11. Oktober 1999
328 Kongregation für die Glaubenslehre: Erklärung «Dominus Iesus» über die Einzigkeit und die Heilsuniversalität Jesu Christi und der Kirche vom 6. August 2000

ZEITTAFEL

1483 (1484?) 10. November: Martin Luder wird als Sohn des Hüttenmeisters Hans Luder und seiner Frau Margarete, geb. Lindemann, in Eisleben geboren; 11. November: Taufe

1484–1497 Kindheit und Jugend in der Bergbaustadt Mansfeld; Besuch der Stadtschule

1486–1525 Kurfürst Friedrich der Weise regiert Sachsen

1493–1519 Kaiser Maximilian I. regiert das Deutsche Reich

1497–1501 Martin Luder besucht die Domschulen in Magdeburg und Eisenach

1501–1505 Philosophisches Grundstudium an der Universität Erfurt; Abschluss mit dem «Magister artium»

1505 Jurastudium in Erfurt; 2. Juli: Während eines Gewitters beim Dorf Stotternheim gelobt Martin Luder, Mönch zu werden; 17. Juli: Eintritt in das Erfurter Kloster der Augustiner-Eremiten

1507 3. April: Priesterweihe; Theologiestudium in Erfurt

1508/09 Theologiestudium an der Universität Wittenberg; erste Lehrtätigkeit in Philosophie; Herbst: Wechsel nach Erfurt

1510/11 Winter: Romreise

1511 September: Rückkehr nach Wittenberg

1512 18./19. Oktober: Promotion zum Doktor der Theologie; Professur an der Universität Wittenberg; Berufung zum Prediger durch den Stadtrat; als Subprior ist Luder stellvertretender Klosteroberer

1513–1521 Papst Leo X., Giovanni de Medici, regiert die Kirche

1513–1545 Albrecht von Brandenburg ist Erzbischof von Magdeburg und (seit 1514) von Mainz

1515–1518 Mitglied der Ordensleitung als Distriktsvikar mit der Aufsicht über elf Klöster

1517 Luther, wie er sich ab jetzt nennt, veröffentlicht seine 95 Thesen gegen Missbräuche im Ablasswesen

1518 Disputation beim Ordenskapitel in Heidelberg; Eröffnung des römischen Ketzerprozesses gegen Luther; Philipp Melanchthon kommt als Professor nach Wittenberg; Oktober: Verhör durch Kardinal Thomas Cajetan in Augsburg

1519 Leipziger Disputation mit dem romtreuen Theologen Johannes Eck; Karl V. wird zum Kaiser gewählt und regiert bis 1556

1520 15. Juni: Papst Leo X. unterzeichnet die Bulle «Exsurge Domine» mit der Bannandrohung gegen Luther; die drei reformatorischen Programmschriften *An den christlichen Adel deutscher Nation, Von der babylonischen Gefangenschaft der Kirche, Von der Freiheit eines Christenmenschen* entstehen; 10. Dezember: Luther verbrennt die Bannandrohungsbulle vor dem Wittenberger Elstertor

1521 3. Januar: Die päpstliche Bannbulle «Decet Romanum Pontificem» tritt in Kraft; 17./18. April: Auf dem Reichstag zu Worms weigert sich Luther zu widerrufen, vorgetäuschte Entführung auf die Wartburg; 8. Mai: Kaiser Karl V. verhängt im «Wormser Edikt» die Reichsacht über Luther und seine Anhänger; auf der Wartburg übersetzt Luther das Neue Testament ins Deutsche

1522 März: Rückkehr nach Wittenberg, wo Luther gegen radikale Mitstreiter predigt

1523–1527 Vorlagen für die «Deutsche Messe», Gottesdienstordnungen, Lieder

1524/25 «Bauernkrieg»; Luther legt die Mönchskutte ab

1525 15. Mai: Vernichtende Niederlage der thüringischen Bauern in der Schlacht bei Frankenhausen; 27. Mai: Thomas Müntzer wird hingerichtet; 13. Juni: Luther heiratet die ehemalige Nonne Katharina von Bora

1526 7. Juni: Luthers erstes Kind Johannes («Hänschen») wird geboren

1527–1529 Streitigkeiten zwischen Luther, Zwingli und anderen reformatorischen Theologen um die Abendmahlslehre; Luthers Töchter Elisabeth (1527) und Magdalene (1529) werden geboren; Elisabeth stirbt schon mit acht Monaten, «Lenchen» 1542 mit dreizehn Jahren

1529 Luthers Großer und Kleiner Katechismus erscheinen; 19. April: auf dem Reichstag zu Speyer Protest der evangelischen Reichsstände gegen die neuerliche Inkraftsetzung des «Wormser Edikts», was ihnen den Namen «Protestanten» einträgt; Oktober: erfolgloses Religionsgespräch in Marburg

1530 Augsburger Reichstag mit Melanchthons Bekenntnis «Confessio Augustana», Luther lebt währenddessen auf der Veste Coburg; Tod des Vaters

1531 Schmalkaldischer Bund als protestantisches Schutzbündnis gegen den Kaiser; Sohn Martin wird geboren; Tod der Mutter

1533 Sohn Paul wird geboren

1534 Luther publiziert die erste Gesamtausgabe seiner deutschen Bibelübersetzung; die jüngste Tochter Margarete wird geboren

1536 Wittenberger Konkordie: innerreformatorische Einigung in der Abendmahlsfrage

1536/38 «Schmalkaldische Artikel», Luthers theologisches Testament

1539 Luthers gesammelte deutsche Schriften beginnen zu erscheinen

1540 Papst Paul III. bestätigt den Jesuitenorden

1541 Die Religionsgespräche von Worms und Regensburg scheitern

1545–1563 Das Konzil von Trient beginnt die römische Kirche zu erneuern («Gegenreformation»)

1546 18. Februar: Luther stirbt in Eisleben; 22. Februar: Beisetzung in der Wittenberger Schlosskirche

1546/47 Der Schmalkaldische Krieg endet mit einer protestantischen Niederlage

1555 Augsburger Religionsfrieden: Lutheraner und Katholiken bekommen gleiche Rechte, über die Konfession der Untertanen entscheidet der Landesherr

1560 19. April: Philipp Melanchthon stirbt in Wittenberg

1618–1648 Dreißigjähriger Krieg

1945 Gründung der «Evangelischen Kirche in Deutschland» (EKD)

1948 Gründung des Ökumenischen Rates der Kirchen mit Sitz in Genf

1962–1965 Das Zweite Vatikanische Konzil in Rom, einberufen von Papst Johannes XXIII., nimmt viele Anregungen der Reformation auf

1999 31. Oktober: Einigung zwischen Lutheranern und Katholiken über die Rechtfertigungslehre

ZEUGNISSE

Johannes Cochlaeus

[…] ein lausiger ausgelaufener Mönch und bübischer Nonnenfetzer, der weder Land noch Leute hat, als ein unedler Wechselbalg, von einer Badmaid geboren, wie man sagt, und noch heutzutag das Almosen, so zum Kloster gestiftet, mit einer ausgelaufenen Nonne frißt […]

Commentaris de artis et scriptis Martini Lutheri Saxonis chronographice ex ordine ab anno Domini 1517 usque ad annum 1546 inclusive fideliter conscripta. 1549

Johann Gottfried Herder

Er griff den geistlichen Despotismus, der alles freie gesunde Denken aufhebt oder untergräbt, als ein wahrer Herkules an und gab ganzen Völkern, und zwar zuerst in den schwersten, den *geistlichen* Dingen, den Gebrauch der Vernunft wieder. […] Jetzt las, was sonst nie gelesen hatte; es lernte lesen, was sonst nicht lesen konnte.

Briefe zur Beförderung der Humanität. Zweite Sammlung. Riga 1793

Johann Wolfgang von Goethe

Unter uns gesagt, ist an der ganzen Sache nichts interessant als Luthers Charakter und es ist auch das einzige, was der Menge eigentlich imponiert. Alles übrige ist ein verworrener Quark, wie er uns noch täglich zur Last fällt.

An Karl Ludwig von Knebel. 22. August 1817

Heinrich Heine

Indem Luther den Satz aussprach, daß man seine Lehre nur durch die Bibel selber, oder durch vernünftige Gründe, widerlegen müsse, war der menschlichen Vernunft das Recht eingeräumt, die Bibel zu erklären, und sie, die Vernunft, war als oberste Richterin in allen religiösen Streitfragen anerkannt. Dadurch entstand in Deutschland die sogenannte Geistesfreiheit, oder, wie man sie ebenfalls nennt, die Denkfreiheit.

Zur Geschichte der Religion und Philosophie in Deutschland. Paris 1834

Johann Wolfgang von Goethe

Wir wissen gar nicht, was wir Luthern und der Reformation im allgemeinen alles zu danken haben. Wir sind frei geworden von den Fesseln geistiger Borniertheit, wir sind infolge unserer fortwachsenden Kultur fähig geworden, zur Quelle zurückzukehren und das Christentum in seiner Reinheit zu fassen. Wir haben wieder den Mut, mit festen Füßen auf Gottes Erde zu stehen und uns in unserer gottbegabten Menschennatur zu fühlen. […] Je tüchtiger aber wir Protestanten in edler Entwicklung voranschreiten, desto schneller werden die Katholiken folgen.

Johann Peter Eckermann: Gespräche mit Goethe in den letzten Jahren seines Lebens. Band 2. Leipzig 1836

Georg Wilhelm Friedrich Hegel

Erkannt wurde jetzt, daß das Religiöse im Geist des Menschen seine Stelle haben muß und in seinem Geiste der ganze Prozeß der Heilsordnung durchgemacht werden muß: daß seine Heiligung seine eigene Sache ist, und er dadurch in Verhältnis tritt zu seinem Gewissen und unmittelbar zu Gott, ohne jene Vermittelung der Priester, die die eigentliche Heilsordnung in ihren Händen haben. […] Seine Empfindung, sein Glauben, schlechthin das Seinige ist gefordert – seine Subjektivität, die innerste Gewissheit seiner selbst; nur diese kann wahrhaft in Betracht kommen in Beziehung auf Gott. […] Es ist

damit ein Ort in das Innerste des Menschen gesetzt worden, auf den es allein ankommt, in dem er nur bei sich und bei Gott ist; und bei Gott ist er nur als er selbst, im Gewissen soll er zuhause sein bei sich. [...]
Das Prinzip der Reformation nun ist gewesen das Moment des Insichseins des Geistes, des Freiseins, des Zusichselbstkommens.

Vorlesungen über die Geschichte der Philosophie. Band 3. Berlin 1836

Karl Marx

Luther hat allerdings die Knechtschaft aus Devotion besiegt, weil er die Knechtschaft aus Überzeugung an ihre Stelle gesetzt hat. Er hat den Glauben an die Autorität gebrochen, weil er die Autorität des Glaubens restauriert hat. Er hat die Pfaffen in Laien verwandelt, weil er die Laien in Pfaffen verwandelt hat. Er hat den Menschen von der äußern Religiosität befreit, weil er die Religiosität zum innern Menschen gemacht hat. Er hat den Leib von der Kette emanzipiert, weil er das Herz in Ketten gelegt.

Zur Kritik der Hegelschen Rechtsphilosophie. 1843/44

Søren Kierkegaard

Für einige Jahre war er das Salz der Erde. Aber sein späteres Leben ist nicht frei von der Fadheit, für die seine Tischreden ein Beispiel sind: ein Gottesmann, der in kleinbürgerlicher Behaglichkeit sitzt, von bewundernden Anhängern umgeben, die jeden Furz von ihm für eine Offenbarung oder die Folge einer Inspiration halten [...]. Luther hat den Maßstab des Reformatorseins verkleinert und so das Pack, das verdammte Pack braver, herzhafter Leute mit verursacht, die in späteren Generationen alle gern ein wenig Reformator spielen wollten. [...] Luthers späteres Leben hat die Mittelmäßigkeit akkreditiert.

Efterladte Papirer. Kopenhagen 1881

Friedrich Nietzsche

Dieser Mönch, mit allen rachsüchtigen Instinkten eines verunglückten Priesters im Leibe, empörte sich in Rom gegen die Renaissance ... Statt mit tiefster Dankbarkeit das Ungeheure zu verstehn, das geschehen war, die Überwindung des Christentums an seinem Sitz –, verstand sein Haß aus diesem Schauspiel nur seine Nahrung zu ziehn. Ein religiöser Mensch denkt nur an sich. [...] Und Luther stellte die Kirche wieder her: er griff sie an ... Die Renaissance – ein Ereignis ohne Sinn, ein ewiges Umsonst! – Ah diese Deutschen, was sie uns schon gekostet haben!

Der Antichrist. Leipzig 1894

William James

Als Luther in seiner ungeheuer männlichen Art den Gedanken einer Soll- und Haben-Rechnung des Allmächtigen mit den Menschen durch eine Handbewegung beiseitefegte, erweiterte er die Vorstellungskraft der Seele und rettete die Theologie vor kindlicher Dummheit.

Varietes of Religious Experience. A Study in Human Nature. New York 1902

Lucien Febvre

Das lutherische Deutschland der vergangenen Jahrhunderte, das Deutschland der offiziellen Theologen und Pastoren im Dienste der Kleinstaaterei [...] hat Luther fast vollkommen ignoriert und aller Welt signalisiert, daß es nichts, aber auch gar nichts mit dem wunderbaren Idealismus, dem leidenschaftlichen Elan und dem lebendigen Glauben des freien Christen von 1520 gemein hatte. [...]
Er war zum Meditieren begabt, doch völlig ungeeignet zum Handeln. Während er noch den Himmel zu erstürmen meinte, genügten ein paar Maulwurfshügel, um ihn zum Stolpern zu bringen.

Martin Luther. Paris 1928

Thomas Mann
Ich liebe ihn nicht, das gestehe ich
offen. Das Deutsche in Reinkultur,
das Separatistisch-Antirömische,
Anti-Europäische befremdet und
ängstigt mich, auch wenn es als
evangelische Freiheit und geistliche
Emanzipation erscheint, und das
spezifisch Lutherische, das Chole-
risch-Grobianische, das Schimpfen,
Speien und Wüten, das fürchterlich
Robuste, verbunden mit zarter
Gemütstiefe und dem massivsten
Aberglauben an Dämonen, Incubi
und Kielkröpfe, erregt meine in-
stinktive Abneigung. Ich hätte nicht
Luthers Tischgast sein mögen, ich
hätte mich wahrscheinlich bei ihm
wie im trauten Heim eines Ogers
gefühlt und bin überzeugt, dass
ich mit Leo X., Giovanni de Medici,
dem freundlichen Humanisten, den
Luther «des Teufels Sau, der Babst»
nannte, viel besser ausgekommen
wäre. […]
Er war ein Freiheitsheld, – aber in
deutschem Stil, denn er verstand
nichts von Freiheit. Ich meine jetzt
nicht die Freiheit des Christenmenschen, sondern die politische
Freiheit, die Freiheit des Staats-
bürgers – die ließ ihn nicht nur
kalt, sondern ihre Regungen und
Ansprüche waren ihm in tiefster
Seele zuwider.
Essays. Deutschland
und die Deutschen. 1945

Peter Manns
«Reformator» will man ihn gegenwärtig immer weniger gern nennen,
und die Hemmung ist in der Tat
mehr als begründet. Denn die «Reformation» lebte zwar von seinen
Denkanstößen, aber sie hat weder
seine Anliegen und noch weniger
sein Erbe aufgenommen. Vor allem
am Ende der Entwicklung erscheint
die Wirkungsgeschichte Luthers in
der Reformation als eine Verwertung
von Resten, auf die man sich beruft,
wenn es paßt.
Martin Luther. Freiburg 1982

Papst Johannes Paul II.
Überzeugend sichtbar geworden ist
die tiefe Religiosität Luthers, der von
der brennenden Leidenschaft für
die Frage nach dem ewigen Heil getrieben war. […] Wo Schuld ist, muß
sie anerkannt werden, gleich welche
Seite sie trifft; wo Polemik die Sicht
verzerrt hat, muß sie richtiggestellt
werden, wiederum unabhängig davon, auf welche Seite es sich handelt.
Dabei kann uns nicht die Absicht
leiten, uns zu Richtern der Geschichte aufzuwerfen, sondern das Ziel darf
einzig sein, besser zu erkennen und
damit wahrheitsfähiger zu werden.
Botschaft anlässlich von Luthers
500. Geburtstag an Kardinal Johannes
Willebrands, Präsident des Sekretariats
für die Einheit der Christen.
31. Oktober 1983

BIBLIOGRAPHIE

Eine Gesamtbibliographie zu Martin Luther existiert wegen der Fülle des Materials nicht. Allein in Deutschland erscheinen jedes Jahr zwei umfangreiche bibliographische Bände («Archiv für Reformationsgeschichte» und «Lutherjahrbuch»), die lediglich die neu erschienenen Biographien, Einzeluntersuchungen und Zeitschriftenaufsätze auflisten. Deshalb kann hier nur eine gedrängte Auswahl im Miniaturformat geboten werden, die nicht für Lutherforscher gedacht ist, sondern für interessierte Leser mit ein wenig Vorbildung.

Aus dem gleichen Grund zitiere ich Luther im Text, wenn möglich, nicht nach der 122 Folio-Bände umfassenden «Weimarer Ausgabe», die nur in wissenschaftlichen Bibliotheken oder Landeskirchenämtern zugänglich ist, sondern nach der erschwinglichen, im Handel befindlichen zehnbändigen Taschenbuchausgabe «Luther Deutsch». Für Zitate, die in dieser Auswahlausgabe fehlen, bediene ich mich der «Weimarer Ausgabe», deren Lutherdeutsch ich behutsam zu modernisieren wage. Aus demselben Grund benutze ich für historische Quellenhinweise in der Regel das preiswerte und im Handel erhältliche Bändchen aus der Reclam-Reihe «Deutsche Geschichte in Quellen und Darstellung».

Bibliographien

Benzing, Josef: Lutherbibliographie. Verzeichnis der gedruckten Schriften Martin Luthers bis zu dessen Tod. Bearbeitet in Verbindung mit der Weimarer Ausgabe unter Mitarbeit von Helmut Claus. Zwei Bände. Baden-Baden ²1989 – 1994
Claus, Helmut: Ergänzungen zur Bibliographie der zeitgenössischen Lutherdrucke. Gotha 1982

Werkausgaben

Calwer Luther-Ausgabe. Hg. von Wolfgang Metzger. Zehn Bände. Neuhausen-Stuttgart 1996
LD = Luther Deutsch. Die Werke Martin Luthers in neuer Auswahl für die Gegenwart. Hg. von Kurt Aland. Band 1: Die Anfänge. Göttingen ²1983. – Band 2: Der Reformator. ²1981. – Band 3: Der neue Glaube. ⁴1983. – Band 4: Der Kampf um die reine Lehre. 1991. – Band 5: Die Schriftauslegung. 1991. – Band 6: Kirche und Gemeinde. 1991. – Band 7: Der Christ in der Welt. ³1983. – Band 8: Die Predigten. 1991. – Band 9: Die Tischreden. 1991. – Band 10: Die Briefe. 1991. – Registerband. Bearbeitet von Michael Welte. 1991
Luthers Werke in Auswahl. Hg. von Otto Clemen u. a. Acht Bände («Bonner Ausgabe»). Berlin ³/⁶1962 bis 1967
Martin Luther: Ausgewählte Schriften. Hg. von Karin Bornkamm und Gerhard Ebeling. Sechs Bände. Frankfurt a. M. 1982, Taschenbuchausgabe 1995
–: Ausgewählte Werke.

Hg. von Hans-Heinrich Borcherdt. Sechs Bände. Ergänzungsreihe: sieben Bände («Münchener Ausgabe»). München ³1958 bis 1965
–: Studienausgabe. Hg. von Hans-Ulrich Delius. Sechs Bände. Berlin 1979 bis 1999
WA = D. Martin Luthers Werke. Kritische Gesamtausgabe. 122 Bände. Weimar 1883 ff., Nachdruck und Ergänzungen 2000 ff.
WA Br = Briefwechsel, 1930 ff.
WA DB = Deutsche Bibel, 1906 ff.
WA TR = Tischreden, 1912 ff.

Quellen- und Quellensammlungen

Das Augsburger Bekenntnis Deutsch 1530 – 1980. Revidierter Text. Hg. von Günther Gassmann. Göttingen ²1979
Die Bekenntnisschriften der evangelisch-lutherischen Kirche. Hg. im Gedenkjahr der Augsburgischen Konfession 1930. Göttingen ¹²1998
Die Kirche im Zeitalter der Reformation. Hg. von Heiko A. Oberman. Neukirchen-Vluyn ³1988
Dokumente zur Causa Lutheri (1517 – 21). Hg. von Peter Fabisch und Erwin Iserloh. Münster 1988
Junghans, Helmar (Hg.): Die Reformation in Augenzeugenberichten. Düsseldorf 1967
QUELLEN = Deutsche Geschichte in Quellen und Darstellung. Band 3: Reformationszeit 1495 bis 1555. Hg. von Ulrich Köpf. Stuttgart 2001

SCHEEL, Otto (Hg.):
Dokumente zu Luthers
Entwicklung (bis 1519).
Sammlung ausgewählter
kirchen- und dogmen-
geschichtlicher Quellen-
schriften, hg. von Gustav
Krüger. Neue Folge, Band
2. Tübingen ²1929

Hilfsmittel
Aland, Kurt: Hilfsbuch
zum Lutherstudium.
Bearbeitet in Verbindung
mit Ernst Otto Reichert
und Gerhard Jordan.
Bielefeld ⁴1996
–: Lutherlexikon. Göttin-
gen ⁴1983
Beutel, Albrecht (Hg.):
Luther Handbuch.
Tübingen 2005

Jahrbücher, Zeitschriften
Archiv für Reformations-
geschichte. Literaturbe-
richt. Internationale Zeitschrift zur Erforschung
der Reformation und
ihrer Weltwirkungen.
Gütersloh 1972 ff.
Luther. Zeitschrift der
Luthergesellschaft.
Göttingen 1919 ff.
Lutherjahrbuch. Organ der
internationalen Luther-
forschung. Göttingen
1919 ff.

Biographische Zugänge
Beutel, Albrecht: Martin
Luther. Eine Einführung
in Leben, Werk und
Wirkung. Leipzig ²2006
Brecht, Martin: Martin
Luther. – Band 1: Sein
Weg zur Reformation
1483–1521. Stuttgart
³1990. – Band 2: Ordnung
und Abgrenzung der
Reformation 1521–1532.
Stuttgart 1986. – Band 3:
Die Erhaltung der Kirche

1532–1546. Stuttgart
1987
Dithmar, Reinhard: Auf
Luthers Spuren. Ein bio-
graphischer Reiseführer.
Leipzig 2006
Febvre, Lucien: Martin
Luther. Hg., neu übersetzt
und mit einem Nachwort
von Peter Schöttler.
Frankfurt a. M. 1996
Kaufmann, Thomas: Mar-
tin Luther. München 2006
LEPPIN, Volker: Martin Lu-
ther. Darmstadt 2006
MANNS, Peter: Martin
Luther. Mit 96 Farbtafeln
von Helmuth Nils Loose.
Freiburg 1982
OBERMAN, Heiko A.: Lu-
ther. Mensch zwischen
Gott und Teufel. Berlin
1982
Paulson, Steven: Luther für
zwischendurch. Mit 82
Karikaturen von Ron Hill.
Göttingen 2007
Schorlemmer, Friedrich:
Hier stehe ich – Martin
Luther. Berlin ²2003
Schwarz, Reinhard: Luther
(Die Kirche in ihrer Ge-
schichte. Ein Handbuch.
Hg. von Bernd Moeller.
Band 3, Lieferung 1).
Göttingen 1986
Treu, Martin: Martin Lu-
ther in Wittenberg. Ein
biografischer Rundgang.
Wittenberg 2003
Zahrnt, Heinz: Martin
Luther in seiner Zeit – für
unsere Zeit. München
1983

Einführungen in Denken und Werk
Althaus, Paul: Die Theo-
logie Martin Luthers.
Gütersloh 1962
BAYER, Oswald: Martin
Luthers Theologie.
Eine Vergegenwärtigung.
Tübingen 2003
BORNKAMM, Heinrich:
Luthers geistige Welt.
Gütersloh ⁴1960

Ebeling, Gerhard: Luther.
Einführung in sein
Denken. Tübingen ⁴1981
–: Lutherstudien. Drei
Bände. Tübingen 1971
bis 1985
Leiner, Hanns: Luthers
Theologie für Nichttheo-
logen. Nürnberg 2007
Lohse, Bernhard: Luthers
Theologie in ihrer his-
torischen Entwicklung
und in ihrem systemati-
schen Zusammenhang.
Göttingen 1995
Mühlen, Karl-Heinz zur: Lu-
ther, Martin, II. Theologie.
In: Theologische Real-
enzyklopädie, Band 21.
Berlin 1991, S. 530 – 567
PESCH, Otto Hermann:
Hinführung zu Luther.
Mainz ³2004
Schwarz, Hans: Martin Lu-
ther. Einführung in Leben
und Werk. Stuttgart 1995

Zeitgeschichte
Burkhardt, Johannes:
Das Reformationsjahr-
hundert. Deutsche Ge-
schichte zwischen Me-
dienrevolution und In-
stitutionenbildung 1517
bis 1617. Stuttgart 2002
Dieterich, Veit-Jakobus: Die
Reformatoren (rowohlts
monographien). Reinbek
2002
Dülmen, Richard van: Re-
formation als Revolution.
Soziale Bewegung und
religiöser Radikalismus.
München 1977
Ehrenpreis, Stefan / Lotz-
Heumann, Ute: Reforma-
tion und konfessionelles
Zeitalter (Kontroversen
um die Geschichte).
Darmstadt ²2008
Freybe, Peter (Hg.): «Gott
hat noch nicht genug
Wittenbergisch Bier
getrunken». Alltagsleben
zur Zeit Martin Luthers.
Wittenberg 2001
Friedenthal, Richard:

Luther. Sein Leben und
seine Zeit. München
[13]2005
FUNDSACHE = Luther. Ar-
chäologen auf den Spu-
ren des Reformators. Hg.
von Harald Meller.
Begleitband zur Landes-
ausstellung im Landes-
museum für Vorgeschich-
te Halle (Saale) vom 31.
Oktober 2008 bis 26.
April 2009. Stuttgart
2008
Hauschild, Wolf-Dieter:
Lehrbuch der Kirchen-
und Dogmengeschichte.
Band 2: Reformation und
Neuzeit. Gütersloh 1999
Heling, Antje: Zu Hause
bei Martin Luther. Ein
alltagsgeschichtlicher
Rundgang. Wittenberg
2003
Hoffmann-Dieterich, Tho-
mas: Die 100 wichtigsten
Daten. Reformation.
Gütersloh 2002
Knape, Rosemarie (Hg.):
Martin Luther und
Eisleben (Schriften der
Luthergedenkstätten in
Sachsen-Anhalt, Band 8).
Leipzig 2007
Luther in Mansfeld.
Forschungen am Eltern-
haus des Reformators.
Mit Beiträgen von Björn
Schlenker, Hans-Jürgen
Döhle, Ulf Dräger u. a.
(Archäologie in Sachsen-
Anhalt. Sonderband 6,
hg. von Harald Meller,
Landesamt für Denkmal-
pflege und Archäologie
Sachsen-Anhalt). Halle
(Saale) 2007
Lutz, Heinrich: Reforma-
tion und Gegenreforma-
tion. München [5]2002
MacCulloch, Diarmaid: Die
Reformation 1490 – 1700.
München 2008
Medick, Hans / Schmidt,
Peer (Hg.): Luther
zwischen den Kulturen.
Zeitgenossenschaft –

Weltwirkung. Göttingen
2004
MOELLER, Bernd: Deutsch-
land im Zeitalter der
Reformation (Deutsche
Geschichte, hg. von
Joachim Leuschner, Bd.
4). Göttingen [4]1999
Mühlen, Karl-Heinz zur:
Reformation und Gegen-
reformation. Teil I und II.
Göttingen 1999
Press, Volker / Stiever-
mann, Dieter (Hg.):
Martin Luther. Probleme
seiner Zeit (Spätmittel-
alter und Frühe Neuzeit.
Tübinger Beiträge zur Ge-
schichtsforschung, Band
16). Stuttgart 1986
Reinhard, Wolfgang:
Probleme deutscher
Geschichte 1495 – 1806.
Reichsreform und
Reformation 1495 – 1555
(Gebhardt Handbuch der
deutschen Geschichte,
Band 9). Stuttgart [10]2001
Schmidt, Sebastian: Was
stimmt? Reformation.
Die wichtigsten Ant-
worten. Freiburg 2007
Schnabel-Schüle, Helga:
Die Reformation 1495
bis 1555. Politik mit
Theologie und Religion.
Stuttgart 2006
Sunshine, Glenn S.:
Reformation für zwi-
schendurch. Göttingen
2008
Wohlfeil, Rainer (Hg.): Der
Bauernkrieg 1524 – 26.
Bauernkrieg und Refor-
mation. München 1975
WOHLFEIL, Rainer (Hg.):
Reformation oder früh-
bürgerliche Revolution?
(nymphenburger texte
zur wissenschaft, modell-
universität 5). München
1972

Einzeluntersuchungen

Bainton, Roland H.: Frauen
der Reformation. Von
Katharina von Bora bis
Anna Zwingli. Gütersloh
[3]1996
–: Luther und sein Vater.
In: Zeitwende 44 (1973),
S. 393 – 403
–: Luther und seine Mutter.
In: Luther 44 (1973),
S. 123 – 130
Barth, Hans-Martin: Der
Teufel und Jesus Christus
in der Theologie Martin
Luthers. Göttingen 1967
–: Die Theologie Martin
Luthers im globalen Kon-
text. Lutherforschung auf
dem Weg zum Jahr 2017.
In: Materialdienst des
Konfessionskundlichen
Instituts Bensheim 59
(2008), S. 3 – 8
Bayer, Oswald: Leibliches
Wort. Reformation und
Neuzeit im Konflikt.
Tübingen 1999
Bizer, Ernst: Fides ex audi-
tu. Eine Untersuchung
über die Gerechtigkeit
Gottes nach Martin Lu-
ther. München [2]1966
Borth, Wilhelm: Die Lu-
thersache (Causa Lutheri)
1517 – 1524. Die Anfänge
der Reformation als Frage
von Politik und Recht
(Historische Studien,
Heft 414). Lübeck 1970
Das «Augsburger Bekennt-
nis» von 1530 damals
und heute. Hg. von
Bernhard Lohse und
Otto Hermann Pesch.
München 1980
Dennerlein, Norbert /
Grünwaldt, Klaus / Roth-
gangel, Martin (Hg.): Die
Gegenwartsbedeutung
der Katechismen Martin
Luthers. Gütersloh 2005
Dieter, Theodor: Der junge
Luther und Aristoteles.
Eine historisch-syste-
matische Untersuchung
zum Verhältnis von

Theologie und Philosophie (Theologische Bibliothek Töpelmann, hg. von Oswald Bayer u.a., Band 105). Berlin 2001

Ebeling, Gerhard: Luthers Seelsorge. Theologie in der Vielfalt der Lebenssituationen an seinen Briefen dargestellt. Tübingen 1997

Edel, Gottfried: Rede, daß ich dich sehe! In: Martin Luther. Reformator – Ketzer – Nationalheld? Texte, Bilder, Dokumente in ARD und ZDF. Materialien zu Fernsehsendungen. Hg. von der Programmdirektion Deutsches Fernsehen (ARD), Presse und Information / ZDF – Information und Presse. München 1983, S. 70–101

Ehmann, Johannes: Luther, Türken und Islam. Eine Untersuchung zum Türken- und Islambild Martin Luthers (1515–1546). Quellen und Forschungen zur Reformationsgeschichte, Band 80. Gütersloh 2008

Elze, Martin: Züge spätmittelalterlicher Frömmigkeit in Luthers Theologie. In: Zeitschrift für Theologie und Kirche 62 (1965), S. 381–402

ERFURT = Martin Luther 1483–1983. Werk und Wirkung / Work and Impact. Referate und Berichte des Sechsten Internationalen Kongresses für Lutherforschung Erfurt, DDR, 14.–20. August 1983 = Lutherjahrbuch. Organ der internationalen Lutherforschung 52 (1985)

ERIKSON, Erik H.: Der junge Mann Luther. Eine psychoanalytische und historische Studie. München 1958

FOLGEN = Martin Luther. Eine Spiritualität und ihre Folgen. Vortragsreihe der Universität Regensburg zum Lutherjahr 1983. Hg. von Hans Bungert (Schriftenreihe der Universität Regensburg, Band 9). Regensburg 1983

Grane, Leif: Martinus noster. Luther in the German Reform Movement 1518–1521 (Veröffentlichungen des Instituts für Europäische Geschichte Mainz, Band 155). Mainz 1994

Hahn, Gerhard: Evangelium als literarische Anweisung. Zu Luthers Stellung in der Geschichte des deutschen kirchlichen Liedes (Münchener Texte und Untersuchungen zur deutschen Literatur des Mittelalters, hg. von der Kommission für deutsche Literatur des Mittelalters der Bayerischen Akademie der Wissenschaften, Band 73). München 1981

Hamm, Berndt: Johann von Staupitz (ca. 1468 – 1524) – spätmittelalterlicher Reformer und «Vater» der Reformation. In: Archiv für Reformationsgeschichte 92 (2001), S. 6–41

Hamm, Berndt / Leppin, Volker (Hg.): Gottes Nähe unmittelbar erfahren. Mystik im Mittelalter und bei Martin Luther. Tübingen 2007

Haug-Moritz, Gabriele: Der Schmalkaldische Bund 1530–1541/42. Eine Studie zu den genossenschaftlichen Strukturelementen der politischen Ordnung des Heiligen Römischen Reiches Deut-

scher Nation (Schriften zur südwestdeutschen Landeskunde 44). Leinfelden-Echterdingen 2002

ISERLOH, Erwin: Luther zwischen Reform und Reformation. Der Thesenanschlag fand nicht statt (Katholisches Leben und Kirchenreform im Zeitalter der Glaubensspaltung 23/24). Münster ³1968

Junghans, Helmar: Der junge Luther und die Humanisten. Göttingen 1985

KETZER = Weder Ketzer noch Heiliger. Luthers Bedeutung für den ökumenischen Dialog. Hg. von Hans-Friedrich Geißer u. a. Regensburg 1982

Kritzl, Johannes: «Adversus turcas et turcarum deum». Beurteilungskriterien des Türkenkriegs und des Islams in den Werken Martin Luthers. Bonn 2008

Lehrverurteilungen – kirchentrennend? Band 2: Materialien zu den Lehrverurteilungen und zur Theologie der Rechtfertigung. Hg. von Karl Lehmann. Freiburg 1990. – Band 3: Materialien zur Lehre von den Sakramenten und vom kirchlichen Amt. Hg. von Wolfhart Pannenberg. Freiburg 1990

Leppin, Volker: Luther-Literatur seit 1983 (I). In: Theologische Rundschau 65 (2000), S. 350–377. (II): Ebd., S. 431–454. (III): Ebd. 68 (2003), S. 313–340

–: Luthers Antichristverständnis vor dem Hintergrund der mittelalterlichen Konzeptionen. In: Kerygma und Dogma 45 (1999), S. 48–63

Lohse, Bernhard (Hg.): Der

Durchbruch der reformatorischen Erkenntnis bei Luther (Wege der Forschung, Band CXXIII). Darmstadt 1968

–: Der Durchbruch der reformatorischen Erkenntnis bei Luther. Neuere Untersuchungen (Veröffentlichungen des Instituts für Europäische Geschichte Mainz, Band 25). Stuttgart 1988

–: Evangelium in der Geschichte. Studien zu Luther und der Reformation. Göttingen 1988

–: Mönchtum und Reformation. Luthers Auseinandersetzung mit dem Mönchsideal des Mittelalters (Forschungen zur Kirchen- und Dogmengeschichte, Band 12). Göttingen 1963

Lortz, Joseph: Die Reformation in Deutschland. Freiburg ^{6}1982

Mantey, Volker: Zwei Schwerter – zwei Reiche. Martin Luthers Zwei-Reiche-Lehre vor ihrem spätmittelalterlichen Hintergrund (Spätmittelalter und Reformation, Neue Reihe Band 26). Tübingen 2005

Müller, Gerhard (Hg.): Die Religionsgespräche der Reformationszeit (Wissenschaftliches Symposion des Vereins für Reformationsgeschichte, Band 191). Gütersloh 1980

–: Die römische Kurie und die Reformation 1523 – 1534. Kirche und Politik während des Pontifikates Clemens' VII. (Quellen und Forschungen zur Reformationsgeschichte, Band 38). Gütersloh 1969

Neumann, Hans-Joachim: Luthers Leiden. Die Krankheitsgeschichte des Reformators. Berlin 1995

Osten-Sacken, Peter von der: Martin Luther und die Juden. Neu untersucht anhand von Anton Margarithas «Der ganz Jüdisch glaub» (1530/31). Stuttgart 2002

Ott, Joachim / Treu, Martin (Hg.): Luthers Thesenanschlag – Faktum oder Fiktion. Leipzig 2008

Pesch, Otto Hermann: «Das heißt eine neue Kirche bauen». Luther und Cajetan in Augsburg. In: Begegnung. Beiträge zu einer Hermeneutik des theologischen Gesprächs. Hg. von Max Seckler u. a. Graz 1972, S. 645 – 661

Puchta, Hans: Luthers Stotternheimer Gelübde. Versuch einer Deutung. In: Archiv für Reformationsgeschichte 84 (1993), S. 311 – 318

Reiter, Paul J.: Martin Luthers Umwelt, Charakter und Psychose, sowie die Bedeutung dieser Faktoren für seine Entwicklung und Lehre. Eine historisch-psychiatrische Studie. Zwei Bände. Kopenhagen 1937/41

Schmelz, Lothar / Ludscheidt, Michael (Hg.): Luthers Erfurter Kloster. Das Augustinerkloster im Spannungsfeld von monastischer Tradition und protestantischem Geist. Erfurt 2005

Schorn-Schütte, Luise: Glaube und weltliche Obrigkeit bei Luther und im Luthertum. In: Manfred Walther (Hg.): Religion und Politik. Baden-Baden 2004, S. 87 – 103

Schütte, Heinz: Martin Luther und die Einheit der Christen. Paderborn 2007

Schwarz, Reinhard: Martin Luther und die Juden im Lichte der Messiasfrage.

In: Luther 69 (1998), S. 67 – 81

Schwebel, Horst: Die Kunst und das Christentum. Geschichte eines Konflikts. München 2002

Steinmetz, David C.: Luther and Staupitz. An Essay in the Intellectual Origins of the protestant Reformation. Durham 1980

Stern, Leo: Martin Luther und Philipp Melanchthon – ihre ideologische Herkunft und geschichtliche Leistung. Eine Studie der materiellen und geistigen Triebkräfte und Auswirkungen der deutschen Revolution. Halle 1952

TROELTSCH, Ernst: Gesammelte Schriften. Erster Band: Die Soziallehren der christlichen Kirchen und Gruppen. Tübingen 1922

Vinke, Rainer: Lutherforschung im 20. Jahrhundert. Rückblick – Bilanz – Ausblick. Mainz 2004

Warnke, Martin: Cranachs Luther. Entwürfe für ein Image. Frankfurt a. M. 1985

Wendebourg, Dorothea: Der gewesene Mönch Martin Luther – Mönchtum und Reformation. In: Kerygma und Dogma 52 (2006), S. 303 – 327

Nachwirkung

Beuys, Barbara: Und wenn die Welt voll Teufel wär. Luthers Glaube und seine Erben. Reinbek 1982

Luther and the Dawn of the Modern Era. Hg. von Heiko A. Oberman (Internationaler Kongress für Lutherforschung St. Louis 1971). Leiden 1974

Luther und die Theologie der Gegenwart. Hg. von Leif Grane und Bernhard

Lohse (Internationaler Kongress für Lutherforschung Lund 1977). Göttingen 1980

Moeller, Bernd: Luther-Rezeption. Göttingen 2001

Simon-Netto, Uwe: Luther als Wegbereiter Hitlers? Zur Geschichte eines Vorurteils. Gütersloh 1993

Slenczka, Notger / Sparn, Walter (Hg.): Luther und seine Erben. Studien zur Rezeptionsgeschichte der reformatorischen Theologie Luthers. Tübingen 2005

Was protestantisch ist. Große Texte aus 500 Jahren. Hg. von Friedrich Schorlemmer. Freiburg 2008

Weltverantwortung, Absichten und Wirkungen – Responsibility for the World. Luther's Intentions and their Effects. Hg. von Helmar Junghans (Internationaler Kongress für Lutherforschung Oslo 1988). Göttingen 1990

Elektronische Medien

Bibelfuchs spezial. Martin Luther. Ein Spiel- und Rätselspaß. CD-ROM. Stuttgart 2007

Die Bibel nach Martin Luther. Revidierte Fassung 1984. Hg. von der Deutschen Bibelgesellschaft. CD-ROM. Stuttgart 2007

Luthers Werke auf CD-ROM. Weimarer Ausgabe. Cambridge 2000/02

Martin Luther 1483 – 1546. Multimedia-CD-ROM (deutsche und englische Version). Neuhausen-Stuttgart 1998

Websites

Internationale Martin-Luther-Stiftung im einstigen Erfurter Augustinerkloster (Texte, Projekte): http://www.luther-stiftung.org/index.htm

Lutherstadt Wittenberg (biographische und zeitgeschichtliche Informationen): http://www. luther.de/index.html

Stiftung Luther-Gedenkstätten in Sachsen-Anhalt (Museen, Veranstaltungen, Luther-Texte, zeitgeschichtliche Informationen): http:// www.martinluther.de/ cgi-bin/vm/luthur

Filme

Green, Guy: Luther. USA 1973 (Verfilmung eines Theaterstücks von John Osborne mit Stacy Keach)

Kyser, Hans: Luther – Ein Film der deutschen Reformation. Deutschland 1927 (Stummfilm mit Eugen Klöpfer, Kopie im Deutschen Filminstitut Wiesbaden)

Oertel, Curt: Der gehorsame Rebell. BRD 1952 (Dokumentarfilm, gedreht an den historischen Stätten mit Unterstützung der ostdeutschen DEFA)

Pichek, Irving: Martin Luther. USA 1953 (erste amerikanisch-deutsche Koproduktion nach dem Krieg)

Till, Eric: Luther. Spielfilm. BRD 2003 (fast drei Millionen Kinobesucher sahen Joseph Fiennes als Martin Luther und Peter Ustinov – in seiner letzten Filmrolle – als Friedrich den Weisen)

Veth, Kurt: Martin Luther. DDR 1981 – 83 (fünfteilige Fernsehserie, die laut Vorgabe des Zentralkomitees der SED auf ein «stimmiges Verhältnis» zwischen Luther und Müntzer zu achten hatte)

Wolffhardt, Rainer: Martin Luther. BRD 1983 (TV-Zweiteiler mit Lambert Hamel, fast ausschließlich in der Nürnberger Lorenzkirche gedreht)

NAMENREGISTER

Die kursiv gesetzten Zahlen verweisen auf die Abbildungen.

Albrecht I. von Hohenzollern 122
Albrecht II., Erzbischof und Kurfürst, Markgraf von Brandenburg 32, 35, 37, 70 f., 110, 119
Alexander VI., Papst 1492–1503 39
Aleander, päpstlicher Legat in Worms 62, 117
Ambrosius von Mailand 78
Anna, hl. 15 f.
Aristoteles 20, 23, 26, 44
Augustin(us), Aurelius 18, 25, 28, 44, 51, 78, 86

Bernhard von Clairvaux 23
Bonhoeffer, Dietrich 139
Bora, Katharina von (Ehefrau) 108–115, *82/83, 111*
Brant, Sebastian *94*
Brenz, Johannes 73, 124
Bucer, Martin 73
Bugenhagen, Johannes 73, *123*

Cajetan, Thomas (eigtl. Jacob de Vio aus Gaeta) 46–49, 51
Calvin, Johannes (eigtl. Jean Cauvin) 28, 78
Campeggio, Thomas 129
Christian II., König von Dänemark und Norwegen 1513–23 109
Clemens VII., Papst 1523–34 75, 122 ff., 129
Cochlaeus, Johann 149
Contarini, Gasparo 134
Cranach d. Ä., Lucas 6, 82, 109, *94*

Cruciger, Kaspar 73, *123*
Cuspinian(us), Johann 60

Drewermann, Eugen 66
Dürer, Albrecht 96, 140, *94*
Duns Scotus, Johannes 23

Eck, Johannes 38, 51 ff., 127, 129, 134
Eckhart, Meister 22
Elisabeth 66
Engels, Friedrich 90
Erasmus von Rotterdam 64, 74, 117, 130, *123*
Esschen, Johannes van den 74, 77

Febvre, Lucien 150
Ferdinand I., röm. König seit 1531 und Kaiser 1556–64 129 f., 138
Franck, Sebastian 133
Franz I., König von Frankreich 1515–47 49, 122, 130, 132
Friedrich III., der Weise, Kurfürst von Sachsen 1486–1525 24 f., 34, 41 f., 47 ff., 58 f., 62 f., 69, 110, 122, *42*
Fugger (Familie) 10, 32, 49

Georg aus Siebenbürgen 105
Goethe, Johann Wolfgang von 149
Grimm, Jacob und Wilhelm 64
Gutenberg, Johannes 57

Hadrian VI., Papst 1522–23 74 f., 141
Hausmann, Nikolaus 72, 114
Hegel, Georg Wilhelm Friedrich 149
Heine, Heinrich 149
Heinrich II., König von

Frankreich 1547–59 138
Heinrich VIII., König von England 1509–47 56
Heinrich von Zütphen 95
Herder, Johann Gottfried 149
Hoffmann, Melchior 73
Hubmaier, Balthasar 70
Hus, Jan 38, 52, 58
Hutten, Ulrich von 38

James, William 150
Jesus Christus 9, 16, 19–23, 30 f., 34, 36 f., 39, 43, 45, 48, 51, 53, 55, 58, 60, 66, 70, 72, 76, 78–88, 96 f., 99–102, 106 f., 114, 118 ff., 124 f., 133, 135 f., 140
Johann der Beständige, Kurfürst von Sachsen 1525–32 122, 124, 126, 130
Johann Friedrich I., der Großmütige, Kurfürst von Sachsen 1532–47 132
Johannes Paul II., Papst 1978–2005 151
Jonas, Justus 73, 114, *123*
Julius II., Papst 1503–13 40

Karl V., röm. König seit 1519 und Kaiser 1530–58 49, 54, 58–62, 70, 104, 122 ff., 126, 129 f., 132–135, 137 f., 50
Karl von Miltitz 50
Karlstadt, Andreas (eigtl. A. Bodenstein) 69 f., 72 f., 119
Kierkegaard, Søren 150
Kolumbus, Christoph 38

Lang, Johann 44
Leo X., Papst 1513–21 32, 34, 36 ff., 40, 45, 47, 49 f.,

52–61, 70, 74 f., 101, 122, *46*
Leonardo da Vinci 38
Link, Wenzeslaus 68
Luder, Margarethe, geb. Ziegler (Großmutter) 10
Luder, Hans (Vater) 10–17, 70, 80, 109, 119, *12*
Luder, Heine (Großvater) 10, 23
Luder, Margarete, geb. Lindemann (Mutter) 10, 12, 16, 109, *13*
Lufft, Hans *88*
Luther, Elisabeth (Tochter) 112, 122
Luther, Johannes (Hänschen; Sohn) 112–115, 125, *82/83*
Luther, Magdalena (Lenchen; Tochter) 112 ff., 125
Luther, Margarete (Tochter) 112 ff.
Luther, Martin (Sohn) 112 ff.
Luther, Paul (Sohn) 112 ff.

Mann, Thomas 151
Manns, Peter 151
Mansfeld, Albrecht von 95, 137
Margarete von der Saale 134 f.
Maria 16, 23, 34, 66, 107
Marx, Karl 90, 99, 150
Maximilian I., röm. König ab 1486 und Kaiser

1508–19 32, 38, 40, 47, 49, 63
Maximilian II., Kaiser 1564–76 138
Melanchthon, Philipp (eigtl. Philipp Schwarzerdt) 10, 25, 35, 43, 58, 63, 73, 79, 81, 106, 117 f., 120, 124, 126, 128 f., 131, 134, 137, *94*, *123*
Mohammed 105 ff.
Müntzer, Thomas 72, 74, 91 f., 95 f., 99, *94*

Nietzsche, Friedrich 150
Nikolaus von Kues 105

Occam (Ockham), Wilhelm von 30
Ökolampad, Johann 124
Osiander, Andreas 73, 124

Paul III., Papst 1534–49 132–135
Paulus 24 ff., 28 f., 51 f., 54, 67, 85
Petrus 45
Pfefferkorn, Johannes 100 f.
Philipp I., Landgraf von Hessen 124, 129, 134 f.
Philipp II., König von Spanien 1556–98 138
Prierias (eigtl. Silvester Mazzolini) 45 ff., 50

Ratgeb, Jörg *94*
Ratzinger, Joseph, als Benedikt XVI. Papst seit 2005 141
Reuchlin, Johannes 100 f.

Ricoldo da Montecroce 105
Riemenschneider, Tilman *94*
Robert von Ketton 105
Rühel, Johann 95

Schlaginhauf(f)en, Johannes 28
Schwenckfeld von Ossig, Caspar 133
Senfl, Ludwig 76
Sixtus IV., Papst 1471–84 35
Spalatin, Georg 48, 53, 108, 114 f., 128, Anm. 53
Spalatin, Katharina 114
Spengler, Lazarus 73
Staupitz, Johannes von 21 f., *22*
Streicher, Julius 101
Strossmayer, Josip 140
Suleiman II., der Prächtige, türk. Sultan 1520–66 106, 130

Tauler, Johannes 21 f.
Tetzel, Johannes 32, 34 f., 37, 119
Thomas von Aquin, hl. 23, 30, 44, 47
Troeltsch, Ernst 84

Veronika 34
Vos, Heinrich 74, 77

Wyclif(fe), John 38, 52, 57

Zwilling, Gabriel 69
Zwingli, Huldrych 70, 124

Über den Autor

Christian Feldmann, 1950 in Regensburg geboren, studierte hier Theologie und Soziologie. Zunächst freier Journalist und Korrespondent u. a. der «Süddeutschen Zeitung» und mehrerer Presseagenturen. Zahlreiche Features für Rundfunkanstalten in Deutschland und der Schweiz, Mitarbeit am «Credo»-Projekt des Bayerischen Fernsehens. Seit 1985 freier Schriftsteller.

Mehr als 40, in sechzehn Sprachen übersetzte Bücher. Auswahl: Elie Wiesel – Ein Leben gegen die Gleichgültigkeit (1998); Wir hätten schreien müssen – Das Leben des Dietrich Bonhoeffer ([3]2005); Pope John XXIII – A Spiritual Biography (2000); Edith Stein (rowohlts monographien, 2004); Benedikt XVI. – Eine kritische Biographie (Rowohlt 2006); Kämpfer – Träumer – Lebenskünstler. Große Gestalten und Heilige für jeden Tag (Neuausgabe 2007); Von Aschenputtel bis Rotkäppchen – Das Märchen-Entwirrbuch (2009).

Quellennachweis der Abbildungen

akg-images, Berlin: Umschlagvorderseite (Stockholm, Nationalmuseum), 24 / 25, 34, 42 (Schleswig-Holsteinisches Landesmuseum, Schleswig), 46 (Trustees of Chatsworth Settlement, Chatsworth; Erich Lessing), 65, 88, 94 (© VG Bild-Kunst, Bonn 2009; Dieter Demme), 116 (Lutherhalle, Wittenberg), 121 (Graphische Sammlung Albertina, Wien), 123 (Lutherhalle, Wittenberg), Umschlagrückseite unten

Nationalmuseet, Kopenhagen: 1 und 3 (Inv. Nr. D 4951)

© Bildarchiv Preußischer Kulturbesitz, Berlin: 6 (Roland Dreßler), 27 (Kupferstichkabinett, Staatliche Museen zu Berlin), 50 (Szépmüvészeti Múzeum, Budapest), 82 / 83, 139 (Kupferstichkabinett, SMB; Jörg P. Anders)

Aus: FUNDSACHE, mit freundlicher Genehmigung des Archivs: 8 (Thüringisches Staatsarchiv Altenburg, Inv. Nr. Z 338)

Landesamt für Denkmalpflege und Archäologie Sachsen-Anhalt: 11, 14 (Inv. Nr. 2004: 9232 g; Juraj Lipták),

79 (Inv. Nr. 106/28), 113, 136 und 137 (Gunnar Preuß)

Aus: Heinz Zahrnt: Martin Luther in seiner Zeit – für unsere Zeit. München 1983: 12 und 13 (mit freundlicher Genehmigung der Wartburg-Stiftung, Eisenach), 20, 67, 96, 119

Roland Rossner, Bonn: 19

ullstein bild, Berlin: 22 (Erzabtei St. Peter, Salzburg)

Aus: Hanns Lilje: Luther. Reinbek 1965, [27]2008: 58, 59 rechts, 127, 131

Aus: Deutsche Geschichte in Quellen und Darstellung. Band 3: Reformationszeit 1495 – 1555. Hg. von Ulrich Köpf. Stuttgart 2001: 73

Aus: EDEL: 103 (2)

LWL-Landesmuseum für Kunst und Kulturgeschichte, Münster / Dauerleihgabe der Bundesrepublik Deutschland: 111 (Inv. Nr. 1233 BRD)

Aus: D. Martin Luthers Werke. Kritische Gesamtausgabe. Bd. 54. Weimar 1930: 118

Aus: Michael Mathias Prechtl: Charakter-Bilder. Dortmund 1983: 140 (mit freundlicher Genehmigung von Frydl Prechtl-Zuleeg, Nürnberg)

Wartburg-Stiftung, Eisenach: Umschlagrückseite oben (Ulrich Kneise)